Platon

/

Theaitetos

테아이테토스

제1판 1쇄 2017년 6월 30일

지은이 플라톤
옮긴이 천병희
펴낸이 강규순
펴낸곳 도서출판 숲
등록번호 제406-2004-000118호
주소 경기도 파주시 해바라기길 34
전화 (031) 944-3139 **팩스** (031) 944-3039
E-mail book_soop@naver.com
디자인 씨디자인

ISBN 978-89-91290-77-8 93100
값 10,000원
잘못 만들어진 책은 구입하신 서점에서 바꿔드립니다.

이 도서의 국립중앙도서관 출판시도서목록(CIP)은
서지정보유통지원시스템 홈페이지(http://seoji.nl.go.kr)와
국가자료공동목록시스템(http://www.nl.go.kr/kolisnet)에서
이용하실 수 있습니다. (CIP2017008223)

Platon

/

Theaitetos

테아이테토스

지식에 관하여

플라톤 지음 ◦ 천병희 옮김

소크라테스의 죽음과 서양 철학의 출발

옮긴이 서문

플라톤(Platon 기원전 427년경~347년)은 관념론 철학의 창시자로 소크라테스(Sokrates), 아리스토텔레스(Aristoteles)와 더불어 서양의 지적 전통을 확립한 철학자이다. 아버지 쪽으로는 아테나이(Athenai)의 전설적인 왕 코드로스(Kodros)로, 어머니 쪽으로는 아테나이의 입법자 솔론(Solon)으로 거슬러 올라가는 부유한 명문가에서 태어난 그는 당시 다른 귀족 출신 젊은이들처럼 정계에 입문할 작정이었다.

그러나 펠로폰네소스(Peloponnesos) 전쟁(기원전 431~404년)에서 아테나이가 패하면서 스파르테(Sparte)가 세운 '30인 참주'의 폭정이 극에 달하고 이어서 이들을 축출하고 정권을 잡은 민주정체 지지자들에 의해 스승인 소크라테스가 사형당하는 것을 보고, 28세이던 플라톤은 큰 충격을 받는다. 그래서 정계 진출의 꿈을 접고 철학을 통해 사회의 병폐를 극복하기로 결심을 굳힌 그는 철학자가 통치가가 되거나 통치자가 철학자가 되기 전에는 사회가 개선될 수 없다는 확신을 갖게 된다.

이 사건이 있은 뒤 이집트, 남이탈리아, 시칠리아 등지로 여행을 떠났다가 아테나이로 돌아온 플라톤은 기원전 387년경 영웅 아카데모스(Akademos)에게 바쳐진 원림(園林) 근처에, 서양에 세워진 대학의 원조라고 할 수 있는 아카데메이아(Akademeia)를 개설한다. 그리고 시칠리아에 있는 쉬라쿠사이(Syrakousai) 시를 두 번 더 방문해 그곳 참주들을 만난 것말고는 다른 외부 활동은 하지 않고 연구와 강의, 저술 활동에 전념하다가 기원전 347년 아테나이에서 세상을 떠난다.

플라톤은 50년이 넘는 기간 동안 소크라테스가 대담을 주도하는 20편 이상의 철학적 대화편과 소크라테스의 변론 장면을 기술한 『소크라테스의 변론』을 출간했는데, 이것들은 모두 지금까지 전해온다. 그 밖에도 13편의 서한이 있지만 그것들을 플라톤이 썼는지에 대해서는 논란의 여지가 많다.

그의 저술은 편의상 초기, 중기, 후기로 구분된다. 『소크라테스의 변론』(*Apologia Sokratous*), 『크리톤』(*Kriton*), 『이온』(*Ion*), 『라케스』(*Laches*), 『뤼시스』(*Lysis*), 『카르미데스』(*Charmides*) 등으로 대표되는 초기 대화편에서는 소크라테스가 주역을 맡아 대담자들이 제시한 견해를 검토하고 폐기한다. 『프로타고라스』(*Protagoras*), 『고르기아스』(*Gorgias*), 『메논』(*Menon*), 『파이돈』(*Phaidon*), 『파이드로스』(*Phaidros*), 『국가』(*Politeia*), 『향연』(*Symposion*), 『테아이테토스』 등으로 대표되는 중기 대화편에서는 소크라테스가 여전히 주역을 맡지만 플라톤이 혼불멸론과 이데아(idea)론 같은 자신의 견해를 제시하며 소크라테스의 견해를 해석하고 부연한다. 『필레보스』(*Philebos*), 『소피스트』(*Sophistes*), 『정치가』(*Politikos*), 『티마이오스』(*Timaios*), 『크리티아스』(*Kritias*), 『법률』(*Nomoi*) 등으로 대표되는 후기 대화편에서는 소크라테스와 함께 혼불멸론과 이데아론이 뒷전으로 물러나고 철학적·논리적 방법론에 관심이 집중된다.

『테아이테토스』는 사형당하기 직전의 노(老)철학자 소크라테스가 당시 10대 소년이던 아테나이의 기하학자 테아이테토스와 지식의 본성을 논하는 글이다. 소크라테스는 자기 역할은 남이 자신의 생각을 분만할 수 있게 도와주는 산파 구실을 하는 것이라고 주장하며 테아이테토스가 자신이 지식이라고 알고 있던 것을 제시하게 한다. 하지만 소크라테스에 의해, 그가 지식으로 알거나 믿었던 지식은 불완전하거나 부분적이거나 착오에 지나지 않는 것으로 밝혀진다. 여기서 소크라테스는 프로타고라스의 상대주의를 철저히 비판하면서도 이데아론을 내세우지는 않는다. 이 대화편은 기존의 지식에 대한 전면적 재검토를 통해서 지식 너머에 있는 지식, 지식의 보편적 본질을 추구하려는 시도를 드러낸다.

20세기 영국 철학자 화이트헤드(A. N. Whitehead)는 플라톤이 서양 철학사에 지속적으로 큰 영향을 미친 것을 두고, 서

양 철학사는 플라톤 철학에 대한 각주의 역사라 해도 과언이 아니라고 말했는데, 그의 이런 주장에 이의를 제기할 사람은 없는 것 같다. 플라톤의 저술들이 2천 년이 넘는 시간 동안 모두 현존할 수 있었던 것은 그의 심오한 사상 덕분이겠지만, 이런 사상을 극적인 상황 설정과 등장인물의 흥미로운 묘사, 소크라테스의 인간미 넘치는 역설적 언급 등으로 재미있고 생동감 있게 독자에게 전하기 때문일 것이다. 플라톤이 그리스 최고 산문 작가 중 한 사람으로 평가받는 것도 그 때문일 것이다.

나는 더 많은 독자에게 플라톤을 소개하려고 난해한 직역과 지나친 의역은 피하고 되도록 알기 쉽게 원전의 의미를 전달하려고 했다. 그러나 플라톤의 말뜻을 정확히 이해하고 난삽한 문장을 쉬운 우리말로 옮기는 것은 누구에게도 만만한 일이 아닐 것이다. 그런 의미에서 독자들이 더 쉽고 올바르게 이해할 수 있도록 플라톤 번역 작업은 앞으로도 끊임없이 시도되어야 할 것이다.

2017년 6월

천병희

차 례

일 러 두 기

1. 이 책의 대본으로는 옥스퍼드 고전 텍스트(Oxford Classical Texts) 중 E. A. Duke, W. F. Hicken, W. S. M. Nicoll, D. B. Robinson, J. C. G. Strachan이 교열한 플라톤 전집 1권(1995년)을 사용했다.
   현대어로 옮겨진 텍스트 중에서는 M. J. Levett(Hackett Publishing Company Indianapolis 1997), F. M. Cornford(Yale University Press 1997), H. N. Fowler(Loeb Classical Library, Harvard University Press 1921), J. McDowell(Oxford World' Classics 2014), R. Waterfield(Penguin Classics 2004), B. Jowett(Oxford 1953)의 영어판과 Otto Apelt(Hamburg 2004)의 독일어판과 정준영의 한국어판(이제이북스 2013)을 참고했다.
2. 플라톤에 관한 자세한 참고문헌은 R. Kraut(ed.), *The Cambridge Companion to Plato*, Cambridge University Press 1992, 493~529쪽과 C. Schäfer(Hrsg.), *Platon-Lexikon*, Darmstadt 2007, 367~407쪽을 참고하기 바란다.
3. 본문의 좌우 난외에 표시되어 있는 142a, b, c 등은 이른바 스테파누스(Stephanus, Henricus 프랑스어 이름 Henri Estienne, 16세기 프랑스 출판업자) 표기를 따른 것으로 아라비아 숫자는 쪽수를, 로마자는 문단을 나타낸다. 플라톤의 그리스어 텍스트와 주요 영어판, 독일어판, 프랑스어판 등에서는 스테파누스 표기가 사용되고 있어, 이 표기가 없는 텍스트나 번역서는 위치를 확인할 수 없어 참고문헌으로서의 가치가 거의 없다고 해도 과언이 아니다.
4. 설명이 필요하다고 생각되는 부분에는 간단하게 주석을 달았다.
5. 원전의 너무 긴 문단은 적당한 길이로 나누어 읽었다.

주요 연대표

(이 연대표의 연대는 모두 기원전)

469년 소크라테스 태어나다

451년 알키비아데스 태어나다

450년경 아리스토파네스 태어나다

445년경 아가톤 태어나다

431년 아테나이와 스파르테 사이에 펠로폰네소스 전쟁이 발발하다

427년경 플라톤 태어나다

424년 델리온에서 아테나이군이 패하다

423년 소크라테스를 조롱하는 아리스토파네스의 희극 『구름』이 공연되다

404년 펠로폰네소스 전쟁이 끝나고 스파르테가 지원하는 '30인 참주'가 아테나이를 통치하다

403년 '30인 참주'가 축출되고 아테나이에 민주정체가 부활하다

399년 소크라테스가 재판을 받고 사형당하다

387년경 플라톤이 아카데메이아를 창설하다

384년 아리스토텔레스 태어나다

367년 아리스토텔레스가 아카데메이아에 입학하다

347년 플라톤 죽다

액자 대화의 등장인물

에우클레이데스(Eukleides) 메가라인.

테르프시온(Terpsion) 메가라인.

본대화 대담자

소크라테스(Sokrates 기원전 469~399년) 아테나이 출신 철학자. 여기서는 70세가 다 된 노(老)철학자이다.

테오도로스(Theodoros 기원전 460년경 출생) 북아프리카의 그리스 식민시 퀴레네(Kyrene) 출신 수학자로, 프로타고라스(Protagoras)의 제자이다.

테아이테토스(Theaitetos 기원전 414~369년) 아테나이 출신 수학자이자 철학자로, 테오도로스의 제자이며 아카데메이아 학원 회원이다. 여기서는 10대 중후반의 소년으로 나온다.

등장인물

에우클레이데스, 테르프시온

액자 대화(142a~143c)

에우클레이데스 여보게 테르프시온, 자네 시골에서 방금 도착했는가, 아니면 도착한 지 오랜가? 142a

테르프시온 꽤 오랩니다. 그러잖아도 시장[1]에서 선생님을 찾아다녔는데, 선생님을 뵐 수가 없어서 의외였어요.

에우클레이데스 사실 나는 시내에 없었네.

테르프시온 그럼 어디 계셨어요?

에우클레이데스 항구로 내려가고 있었는데, 도중에 코린토스[2]의 주둔지에서 아테나이로 후송되던 테아이테토스와 마주쳤네.

1 메가라(Megara) 시의 아고라(agora). 메가라는 아테나이(Athenai)와 코린토스 중간쯤에 있는 도시이다.

2 Korinthos. 그리스 반도와 펠로폰네소스(Peloponnesos) 반도를 이어주는 지협(地峽 isthmos)에 자리 잡은 도시.

테르프시온 그는 살았던가요, 죽었던가요?

b **에우클레이데스** 목숨을 겨우 부지하고 있었네. 그는 몇 군데 부상을 입은 탓도 있지만 군대에 퍼진 전염병에 걸려서 더 고통 받고 있었네.

테르프시온 이질 말씀인가요?

에우클레이데스 그렇다네.

테르프시온 위태롭다는 그분은 대체 어떤 사람이지요?

에우클레이데스 신사[3]일세, 테르프시온. 방금도 우연히 사람들이 전투에서 본 그의 행적을 칭송하는 말을 들었을 정도이네.

테르프시온 그건 조금도 놀라운 일이 아니에요. 오히려 그가 다
c 르게 행동했다면 그게 더 놀랄 일이지요. 그런데 그가 왜 여기 메가라에 머물지 않았을까요?

에우클레이데스 그는 집으로 돌아가려고 서둘렀네. 내가 머물러 달라고 자꾸 간청했지만 내 권고에 응하려 하지 않았지. 그래서 얼마쯤 그를 배웅하다가 돌아오는 길에 나는 소크라테스님이 테이아테토스의 미래를 특히 정확하게 예언하신 일을 떠올리며 놀라움을 금치 못했네. 소크라테스님은 돌아가시기 직전에 당시 소년이던 테아이테토스를 우연히 만나 얼마 동안 대화를 나눠보고는 그의 타고난 자질에 깊은 감명을 받으셨던 것 같아. 내
d 가 아테나이를 방문했을 때, 소크라테스님은 그때의 논의를(그것은 정녕 들을 만한 가치가 있었네) 내게 들려주시면서, 만약

테아이테토스가 성년이 되면 반드시 유명인이 될 것이라고 말씀하셨네.

테르프시온 소크라테스님 말씀이 맞는 것 같아요. 한데 그 대화는 어떤 것이었어요? 선생님이 들려주실 수 있나요?

에우클레이데스 물론 준비 없이 구술할 수야 없지. 하지만 나는 그때 집에 돌아오자마자 글로 옮겨두었고, 나중에 틈날 때마다 143a 기억을 되살려 적어두곤 했네. 또한 기억나지 않는 것은 아테나이에 갈 때마다 소크라테스님에게 다시 묻고는 이곳에 돌아오면 바로잡곤 했네. 그리하여 나는 그때의 대화를 사실상 전부 적어둔 셈이라네.

테르프시온 아닌 게 아니라 저는 선생님이 그것을 언급하는 것을 전에도 들었어요. 그래서 그것을 보여달라고 선생님에게 부탁드려야겠다고 늘 마음먹었는데도 지금까지 차일피일 미뤄왔지요. 그런데 지금 우리가 그것을 검토하지 못할 만한 무슨 이유라도 있나요? 아무튼 저는 시골에서 여기까지 걸어온 터라 휴식이 필요해요.

에우클레이데스 나도 테아이테토스를 에리네온[4]까지 바래다준 b
터라 휴식이 싫지 않네. 자, 가세. 그러면 우리가 쉬는 동안 우리

3 kalos kai agathos('아름답고 훌륭한 남자').

4 Erineon. 메가라 시 근처에 있는 마을 같다.

집 노예가 읽어줄 걸세.

테르프시온 그것 참 좋은 생각이에요.

(잠시 뒤 노예가 두루마리를 갖고 온다.)

에우클레이데스 테르프시온, 이게 바로 그 두루마리일세. 자네도 보다시피 그때의 담론을 소크라테스님이 들려주신 그대로가 아니라, 그분과 그 담론을 벌였다고 그분께서 말씀하신 분들 사이의 대화로 적었네. 그분에 따르면 기하학자 테오도로스와 테아 c 이테토스가 그 담론을 벌였다네. 소크라테스님이 자신에 관해 "그래서 내가 말했네" 또는 "그래서 내가 발언했네"라고 말씀하신 것이나 대담자에 관해 "그러자 그가 동의했네" 또는 "그러나 그는 동의하지 않았네"라고 말씀하신 것은 지루하여 대화 흐름을 방해한다고 보고 두루마리에 옮기고 싶지 않았네. 그래서 나는 그런 종류의 말투는 모두 빼버리고 그때의 담론을 소크라테스님과 그들 사이의 대화로 적어둔 걸세.

테르프시온 그건 아주 좋은 발상 같아요, 에우클레이데스님.

에우클레이데스 얘야,[5] 두루마리를 들고 읽도록 하라.

대담자

소크라테스, 테오도로스, 테아이테토스

본대화 첫머리와 산파의 비유(143d~151d)

소크라테스 테오도로스님, 내가 만약 퀴레네 사람들에게 관심이 d 있다면 그곳에 기하학이나 철학[6]의 여러 분야에 전념하는 젊은 이들이 있는지 알아내려고 그곳 사정을 그대에게 물었겠지요. 하지만 나는 그곳 젊은이보다는 아테나이의 젊은이에게 더 관심이 많으며, 그래서 이곳 젊은이 중 될성부른 자들이 누구인지 더 알고 싶어요. 그래서 나는 이 문제를 스스로도 힘닿는 데까지 살피고, 젊은이들이 사귀고 싶어할 만한 사람들에게 묻기도 한답니다. 그런데 지금 많은 사람이 당연하게도 그대를 따라다니는데, 그대는 다른 점들에서도 그렇지만 무엇보다도 기하학에 e 관한 지식 덕분에 그런 대접을 받을 만하니까요. 그러니 만약 언

5 노예에게 하는 말이다.

6 philosophia('지혜에 대한 사랑').

급할 가치가 있는 젊은이를 그대가 만난 적이 있다면 내 기꺼이 듣고 싶습니다.

테오도로스 아닌 게 아니라 소크라테스님, 나는 이곳 시민 가운데 나에게는 언급할 가치가 있고 그대에게는 들을 가치가 있는 젊은이를 만난 적이 있어요. 미남이었다면 강조해서 말하기가 두려웠겠지요. 내가 그를 사랑한다는[7] 의심을 살지도 모르니까요. 그러나 그는 미남이 아니라 들창코에 퉁방울눈이라는 점에서 그대를 닮았어요. 이렇게 말하는 것을 용서해주세요. 물론 그대만큼 심하지는 않지만 말입니다. 그래서 나는 거리낌없이 말
144a 할 수 있어요. 나는 수많은 젊은이를 만나보았는데, 단언컨대 내가 만난 모든 젊은이 중에서 그런 놀라운 자질을 가진 이는 여태 발견하지 못했어요. 남이 따라가지 못할 만큼 빨리 배우면서도 남달리 온유하며 게다가 누구와 비교해도 그보다 더 용감한 사람은 있을 수 없다고 생각했으며, 전에는 그런 사람을 한 번도 본 적이 없어요. 오히려 그 소년처럼 날카롭고 재기 발랄하고 기억력 좋은 사람은 대개 성급하고 격정적이기도 해서 바닥짐[8] 없는 배처럼 요동치며, 용감하다기보다는 광적이지요. 그런
b 가 하면 더 무던한 사람은 배움에 굼뜬 편이며 기억력이 아주 나빠요. 그러나 그 소년은 그토록 차분하고 정확하고 효과적으로, 그리고 매우 온유하게 배움과 탐구에 접근하더군요. 소리 없이 흐르는 올리브유처럼 말입니다. 그러니 그가 그 나이에 그런 경

지에 도달한 것은 놀라운 일이 아닐 수 없어요.

소크라테스 거참 반가운 소식이오. 그런데 그는 누구의 아들이오?

테오도로스 이름을 듣긴 했는데 기억은 나지 않는군요. 하지만 그는 지금 우리 쪽으로 다가오는 저 소년들 중 가운데에 있는 소 c 년이에요. 그와 그의 친구들은 방금 바깥 주랑(柱廊)에서 몸에 올리브유를 바르고 있었는데, 이제 다 바르고 이리로 오는가 봅니다. 그를 살펴보세요, 누군지 알겠는지.

소크라테스 알고말고요. 수니온 구역[9]에 사는 에우프로니오스[10]의 아들이군요. 에우프로니오스는 그대가 그의 아들을 묘사한 것과 꼭 같으며, 역시 존경받고 있지요. 게다가 그는 큰 재산을 남겨놓기도 했답니다. 그래도 소년의 이름은 모르겠군요.

테오도로스 소년의 이름은 테아이테토스입니다, 소크라테스님. d 그런데 그의 재산은 몇몇 후견인이 탕진한 것 같습니다. 그럼에도 그는 놀라울 정도로 돈에 인색하지 않아요, 소크라테스님.

소크라테스 그대 말을 들으니 그는 고상한 인물 같군요. 그러니

7 동성애자로서 사랑하는 것을 말한다.

8 배의 균형을 유지하기 위해 바닥에 싣는 물이나 모래 같은 것들로 지금의 '밸러스트'를 말한다.

9 Sounion. 앗티케(Attike) 지방의 동남단에 있는 곳으로, 포세이돈(Poseidon) 신전이 남아 있다. 수니온은 아테나이를 수도로 하는 앗티케 지방의 174개 구역(區域 demos) 중 하나이기도 하다.

10 Euphronios.

여기 내 곁에 앉으라고 그에게 청해보세요.

테오도로스 그러지요. 여보게 테아이테토스, 이리 와서 소크라테스님 곁에 앉게나.

소크라테스 그러게, 테아이테토스. 나도 내 얼굴 생김새가 어
e 떤지 꼼꼼히 살펴볼 수 있도록 말일세. 테오도로스님이 말씀하시기를, 나와 자네가 닮았다고 하니까. 나와 자네가 저마다 뤼라[11]를 갖고 있는데, 그것들이 비슷하게 조율되어 있다고 테오도로스님이 말씀하신다고 가정해보게. 우리는 그분 말씀을 곧바로 믿어야 할까, 아니면 그분이 음악에 조예가 깊은 사람으로서 그렇게 말씀하시는 건지 살펴봐야 할까?

테아이테토스 살펴봐야 합니다.

소크라테스 그리고 우리가 그분 말씀을 믿고 안 믿고는 우리가 그분이 음악에 조예가 깊다는 것을 발견하느냐에 달려 있겠지?

테아이테토스 그렇습니다.

소크라테스 그런데 지금 같은 경우 우리의 얼굴 생김새가 닮은
145a 것에 관심이 있다면, 우리는 그분이 그림에 조예가 깊은 사람으로서 그렇게 말씀하시는 것인지 아닌지 살펴봐야 할 걸세.

테아이테토스 그래야 한다고 생각합니다.

소크라테스 그러면 테오도로스님은 화가인가?

테아이테토스 아닙니다, 제가 아는 한은요.

소크라테스 기하학자도 아니고?

테아이테토스 기하학자라는 것은 틀림없습니다, 소크라테스 선생님.

소크라테스 이분은 천문학, 산술, 음악, 그 밖의 다른 교육 분야에도 능통한가?

테아이테토스 네, 저는 그렇다고 생각합니다.

소크라테스 그러면 그분이 칭찬하거나 헐뜯으려고 우리가 신체적으로 닮은 데가 있다고 말씀하신다면, 우리가 그 말씀을 귀담아들을 특별한 이유는 없네.

테아이테토스 없는 것 같습니다.

소크라테스 그러나 그분이 미덕이나 지혜[12] 때문에 우리 두 사람 중 어느 한쪽의 혼을 칭찬한다면 어떨까? 다른 사람이 칭찬받는 것을 듣는 쪽은 칭찬받는 쪽을 검토하기 위해 당연히 최선을 다하고, 칭찬받는 쪽도 자신의 자질을 보여주기 위해 최선을 다하지 않을까?

테아이테토스 그야 물론이지요, 소크라테스 선생님.

소크라테스 그렇다면 친애하는 테아이테토스, 지금이야말로 자 b

11 lyra. 고대 그리스에서 피리(aulos)와 더불어 가장 널리 쓰이던 악기로, 길이가 같은 세로 현들로 된 발현악기이다. 이를 개량한 것이 키타라(kithara)이다.

12 arete, sophia. arete는 문맥에 따라 '덕' '탁월함' '훌륭함' 등으로 옮길 수도 있다.

네는 자질을 보여주고, 나는 그것을 검토할 때일세. 단언컨대 테오도로스님은 내 앞에서 외지인이든 이곳 아테나이인이든 많은 사람을 칭찬하긴 했지만, 그 누구에 대해서도 방금 자네만큼 칭찬하신 적은 없기 때문일세.

테아이테토스 소크라테스 선생님, 그렇다니 듣기 좋습니다만, 그
c 분께서 농담 삼아 그렇게 말씀하신 건 아닐까요?

소크라테스 그건 테오도로스님답지 않은 행동일세. 그분이 농담한 것이라는 핑계로 자네가 약조한 것을 철회하려고 하지 말게. 우리는 그분이 선서하고 증언하도록 강요하고 싶지 않네. 그분이 위증한다고 고발할 사람은 어차피 아무도 없을 테니까. 그러니 용감하게 자네의 그 약조를 지키도록 하게.

테아이테토스 그래야겠지요. 선생님께서 그러기를 원하신다면.

소크라테스 그러면 말해주게. 자네는 테오도로스님에게 기하학을 좀 배우고 있지?

테아이테토스 네, 배우고 있습니다.

d **소크라테스** 천문학과 화성(和聲)과 산술에 관련된 것들도?

테아이테토스 아무튼 열심히 배우고 있습니다.

소크라테스 여보게, 나도 그렇다네. 그분이나 그런 것들을 안다고 생각되는 다른 사람들에게 배울 때는 말일세. 나는 그런 것들을 전체적으로는 그럭저럭 이해하는 편이지만 그럼에도 난관에 봉착한 사소한 문제점이 있어, 그것을 자네와 여기 있는 이들의

도움을 받아 살펴보고 싶네. 말해보게. 배운다는 것은 배우고 있는 것과 관련하여 더 지혜로워지는 것 아닌가?

테아이테토스 왜 아니겠습니까?

소크라테스 그리고 지혜로운 사람들이 지혜로운 것은 지혜 덕분이겠지?

테아이테토스 네.

소크라테스 그것은 지식[13]과는 조금 다른가? e

테아이테토스 그것이라니, 그게 뭔가요?

소크라테스 지혜 말일세. 사람들이 무엇인가에 관한 지식이 있다면 그것에 관해 지혜롭기도 한 것 아닐까?

테아이테토스 그야 물론이지요.

소크라테스 그렇다면 지식과 지혜는 같은 것인가?

테아이테토스 네.

소크라테스 좋네. 내가 난관에 봉착해서 혼자 힘으로는 충분히 파악할 수 없는 문제점이란 바로 지식이란 대체 무엇인가라는
것일세. 우리가 그 물음에 대답할 수 있을까? 여러분은 어떻게 146a
생각하시오? 우리 가운데 누가 먼저 말하면 좋을까요? 그런데 스스로 알아맞히지 못하면, 그리고 누구든 자기 차례에 알아맞히지 못하는 사람은 공놀이하는 아이들이 그러듯 '당나귀'로서

13 episteme. 문맥에 따라 '앎' '인식'으로 옮길 수도 있다.

자리에 앉게 될 것이오. 그러나 실수하지 않고 살아남은 사람은 우리의 '왕'이 되어 그가 원하는 어떤 질문에도 우리는 대답할 것이오. 여러분은 왜 아무 말이 없소? 테오도로스님, 담론을 좋아한 나머지 내가 무례를 범한 것은 아니겠지요? 나는 우리가 대화를 나누며 서로 친하고 사이좋게 지내도록 하려고 최선을 다할 뿐이라오.

b **테오도로스** 소크라테스님, 그것을 무례라고 할 수는 없겠지요. 그렇지만 여기 있는 젊은이 가운데 한 명이 그대에게 대답하게 하세요. 나는 이런 종류의 담론에는 익숙하지 않고, 익숙해질 나이도 아니에요. 그런 일은 젊은이에게 딱 맞는 일이며, 젊은이는 진척도 빠릅니다. 정말이지 젊을 때는 무슨 일이든 진척이 빠르니까요. 그러니 테아이테토스를 놓아주지 말고 처음 시작했을 때처럼 그에게 질문하십시오.

소크라테스 테아이테토스, 자네도 테오도로스님 말씀을 들었겠
c 지. 나는 자네가 이분 말씀대로 할 것이라고 믿네. 지혜로운 사람이 이런 일에 관해 지시하면 더 젊은 사람은 복종하는 것이 도리이니까. 자, 선선히 말해주게. 자네는 지식이 무엇이라고 생각하는가?

테아이테토스 소크라테스 선생님, 선생님과 테오도로스님이 그러라시니 대답하지 않을 수 없군요. 아무튼 제가 알아맞히지 못하면 두 분께서 바로잡아주시겠지요.

소크라테스 물론이지. 우리가 그럴 수만 있다면 말일세.

테아이테토스 좋습니다. 저는 테오도로스님한테 배울 수 있는 것들—기하학과 방금 선생님께서 언급하신 과목들— 도 지식이라고 생각합니다. 또한 제화술이나 다른 장인(匠人)들의 기술도 d
모두, 그리고 저마다 바로 지식입니다.

소크라테스 여보게, 자네 인심 한번 후하구먼. 단순한 것 하나를 요구했는데 다채로운 것을 여럿이나 주니 말일세.

테아이테토스 무슨 말씀이신지요, 소크라테스 선생님?

소크라테스 쓸데없는 말인지 모르겠지만, 내 생각을 말하겠네. 자네가 말하는 제화술이란 바로 신발 제작에 관한 지식이겠지?

테아이테토스 그렇습니다.

소크라테스 목공술은 어떤가? 자네가 말하는 목공술이란 바로 e
목공품 제작에 관한 지식이겠지?

테아이테토스 그것 또한 그렇습니다.

소크라테스 그렇다면 이 두 경우 자네는 각각의 기술이 무엇에 관한 지식인지 정의하는 것이겠지?

테아이테토스 네, 그렇습니다.

소크라테스 하지만 테아이테토스, 자네에게 물어본 것은 '지식의 대상들은 무엇인가' 나 '지식의 종류는 얼마나 많은가'가 아닐세. 우리가 그런 질문을 한 까닭은 지식의 목록을 원해서가 아니라, 지식이 무엇인지 알고 싶어서였네. 내가 허튼소리를 하는 겐가?

테아이테토스 아니요, 아주 옳은 말씀입니다.

147a **소크라테스** 다른 예를 하나 들어보세. 어떤 사람이 우리에게 일상의 하찮은 것에 관해, 이를테면 '점토란 무엇인가?'라고 물었다고 가정해보게. 그런데 만약 도공(陶工)의 점토가 있고 화덕 제작공의 점토가 있으며 벽돌공의 점토가 있다고 대답한다면, 우리는 우스꽝스러운 꼴이 되지 않을까?

테아이테토스 아마 그렇겠지요.

소크라테스 우리가 그런 꼴이 되는 이유는 첫째, 우리가 '인형 제작자의' 또는 그게 무엇이건 '그 밖의 다른 제작자의'라는 말을
b 덧붙이든 우리가 '점토'라는 용어를 사용하면 질문자가 우리 대답을 듣고는 점토가 무엇인지 이해하리라고 여기기 때문일세. 아니면 자네는 어떤 사물이 무엇인지 모르는데도 누군가에게 그 사물의 이름이 의미가 있을 거라고 생각하나?

테아이테토스 물론 그럴 수 없겠지요.

소크라테스 그렇다면 지식이 무엇인지 모르는 사람에게 '신발 제작에 관한 지식'이라는 말은 무의미하네.

테아이테토스 무의미하고말고요.

소크라테스 그렇다면 지식이 무엇인지 모르는 사람은 제화술이나 그 밖의 다른 기술도 이해할 수 없네.

테아이테토스 그렇고말고요.

소크라테스 그렇다면 지식이 무엇인가에 대한 대답으로 어떤 기
술의 이름을 댄다는 건 우스꽝스러운 일일세. 그것은 어떤 것에
관한 지식인지 말해줄 뿐, 지식이 무엇이냐는 질문에 대한 대답 c
은 아니니까.

테아이테토스 그런 것 같습니다.

소크라테스 우리가 우스꽝스러운 꼴이 되는 이유는 둘째, 평범
하고 간단하게 대답할 수 있는데도 끝없이 먼길을 돌아서 가기
때문일세. 이를테면 점토에 관한 질문에서 평범하고 간단한 대
답은 '점토란 물에 이긴 흙이다'라고 말하는 것일세. 점토가 누
구 것인지는 말할 필요가 없네.

테아이테토스 소크라테스 선생님, 그렇게 말씀하시니까 이제는
쉬워 보이는군요. 얼마 전에 제가 선생님과 동명이인인 여기 있
는 소크라테스와 대화를 나눌 때 제기된 문제가 있었는데, 선생 d
님께서는 그와 비슷한 것을 물어보시는 것 같습니다.

소크라테스 그게 어떤 거였지, 테아이테토스?

테아이테토스 여기 계신 테오도로스 선생님께서는 도형들을 거
론하며 제곱근들에 관해 설명해주셨습니다. 즉 그 면적이 3제곱
피트 또는 5제곱피트인 정사각형의 변들은 1제곱피트로 약분할
수 없다는 것을 보여주시면서 그런 정사각형 하나하나의 변을
거쳐 17제곱피트에 이르렀는데, 어찌 된 일인지 거기서 멈추셨
습니다.[14] 그런데 제곱근들의 수는 무한하므로 우리는 그것들을 e

하나의 명칭 아래 모두 모아봐야겠다는 생각이 떠올랐습니다.

소크라테스 그래서 자네들이 원한 것을 찾아냈는가?

테아이테토스 그런 것 같습니다. 선생님께서도 검토해주십시오.

소크라테스 말해보게.

테아이테토스 우리는 모든 수(數)를 두 부류로 나누었는데, 같은 수를 같은 수만큼 곱해서 만들어지는 수[15]는 기하학의 정사각형에 빗대어 '정사각형 수' 또는 '등변 수'라고 불렀습니다.

소크라테스 잘했네.

테아이테토스 그러나 그 중간에 있는 수들[16] — 여기에는 3과 5와
148a 같은 수를 같은 수만큼 곱해서는 얻을 수 없고 더 큰 수를 더 작은 수만큼 곱하거나 더 작은 수를 더 큰 수만큼 곱해야 얻을 수 있어서 기하학 용어로 부등변 도형을 이루는 수가 포함됩니다 — 은 기하학의 직사각형에 빗대어 '직사각형 수'라고 불렀습니다.

소크라테스 정말 훌륭해. 그다음은 어떻게 됐지?

테아이테토스 우리는 그 면적이 우리의 '등변 수' 가운데 하나인 사각형의 변들을 이루는 모든 직선을 '길이'라 정의하고, 그 면적이 우리의 '직사각형 수' 가운데 하나인 사각형의 변들을 이
b 루는 모든 직선을 '제곱근'이라고 정의했습니다. 이것들은 길이에서는 앞서 말한 직선들로 약분될 수 없으니까요. 이것들이 이루는 사각형들은 앞서 말한 직선들로 약분될 수 있지만 말이에요. 입체(立體)들의 경우도 그와 같이 구별할 수 있습니다.

소크라테스 여보게 젊은이들, 누구도 자네들보다 더 훌륭할 수는 없어. 그러니 테오도로스님이 위증했다고 고발할 사람은 분명 아무도 없을 것 같네.

테아이테토스 그렇지만 소크라테스님, 저는 지식에 관한 선생님의 질문에는 우리가 길이와 제곱근에 관한 질문에 대답한 것처럼 대답할 수 없습니다. 그런데 선생님께서 찾으시는 게 그런 종류의 대답인 것 같아요. 그러니 테오도로스님은 아무튼 위증을 c
하신 것 같습니다.

소크라테스 어떤가? 테오도로스님이 자네의 달리기 능력을 칭찬하며 자네만큼 잘 달리는 젊은이를 만난 적이 없다고 말씀하셨는데, 경주에서 자네가 한창때의 달리기 선수에게 졌다고 가정해보게. 자네는 졌다고 해서 그분의 칭찬이 덜 참되다고 생각하는가?

테아이테토스 그렇게 생각하지 않습니다.

소크라테스 지식에 관해서는 어떻게 생각하는가? 내가 방금 말했듯이,[17] 자네는 지식을 찾아내는 것은 사소한 일이라고 생각하는가? 그것은 최고의 능력을 갖춘 사람이 할 일 아닐까?

14 왜 $\sqrt{17}$에서 멈추었는지 확실하지 않다.

15 4, 9, 16 따위.

16 3, 5, 6, 7, 8, 10, 11, 12, 13, 14, 15 따위.

17 145d 참조.

테아이테토스 제우스에 맹세코, 그것이야말로 최고의 능력을 갖춘 사람이 할 일이라고 생각합니다.

d **소크라테스** 그러면 자네는 자신감을 갖고 테오도로스님 말씀에 일리가 있다고 생각하게나. 그리고 언제나 최선을 다해서 특히 지식이 무엇인지에 관한 자네의 생각을 말해주게.

테아이테토스 제가 최선을 다하기만 하면 된다면, 소크라테스 선생님, 참은 밝혀질 것입니다.

소크라테스 그렇다면 자, 그 방법은 자네가 방금 잘 보여주었으니 제곱근들에 대한 자네 대답을 모방하도록 하게. 자네가 수많은 제곱근을 하나의 부류로 모은 것처럼 지식의 수많은 분야에 적용할 수 있는 하나의 정의(定義)를 찾아내보라는 말일세.

e **테아이테토스** 소크라테스 선생님, 단언컨대 저는 선생님의 질문들을 전해 듣고는 그 문제와 씨름한 적이 한두 번이 아닙니다. 하지만 만족스러운 해결책을 제가 제시할 수 있다거나 제 앞에서 어떤 사람이 선생님께서 요구하시는 대답을 한 적이 있다고 확신할 수 없었습니다. 그럼에도 저는 그 문제에 자꾸만 신경이 쓰입니다.

소크라테스 친애하는 테아이테토스, 그것은 자네가 불임(不姙)이 아닐 뿐만 아니라 마침 잉태 중이라 말하자면 산고(産苦)를 겪기 때문일세.

테아이테토스 소크라테스 선생님, 저는 그런 것은 모르겠고, 그저 겪은 것을 말씀드릴 뿐입니다.

소크라테스 우습구먼. 자네는 내가 훌륭하고 건장한 산파(産婆) 149a
파이나레테[18]의 아들이라는 말도 듣지 못했나?

테아이테토스 진작에 들었습니다.

소크라테스 자네는 내가 같은 직업에 종사한다는 말도 들었는가?

테아이테토스 듣지 못했습니다.

소크라테스 하지만 잘 알아두게. 그건 사실일세. 그러나 여보게, 내가 그런 직업에 종사한다는 것은 비밀이니 다른 이들한테 발설하지 말게나. 그래서 세상 사람들은 그런 줄 모르고 나에 관해 그런 이야기는 하지 않고, 나더러 사람들을 난관에 봉착하게 만드는 둘도 없는 괴짜라고 말하지. 자네는 그런 말도 들어봤는가?

테아이테토스 네, 들어봤습니다. b

소크라테스 내가 자네에게 그 이유를 말해줄까?

테아이테토스 네, 말씀해주십시오.

소크라테스 산파가 하는 일 전체를 생각해보면 자네는 내 말뜻을 더 쉽게 이해할 걸세. 자네도 알다시피, 스스로 임신하거나 출산할 수 있는 나이에 다른 여인들을 돌보는 산파는 아무도 없고, 출산할 나이가 지난 여인들만이 산파가 된다네.

테아이테토스 물론입니다.

18 Phainarete. 소크라테스의 어머니.

소크라테스 사람들이 말하기를, 그 이유는 출산의 여신 아르테
미스[19] 자신이 자녀가 없기 때문이라네. 인간의 본성은 경험 없
c 는 일에 숙달되기에는 너무 취약한지라 여신은 불임 여성에게
산파가 되는 것을 허용하지 않고, 자신과 닮은 점을 존중하여
나이가 많아서 출산할 수 없는 여인들에게 그런 일을 맡겼다는
거지.

테아이테토스 그럴듯합니다.

소크라테스 이 또한 그럴듯하고 당연하지 않을까? 여인들이 임신 중인지 아닌지를 여느 여자들보다 산파들이 더 잘 알아본다는 것 말일세.

테아이테토스 그야 물론입니다.

d **소크라테스** 또한 산파들은 약을 지어주거나 주문(呪文)으로 산
고를 겪게 할 수 있고, 원하면 산고를 덜어줄 수도 있네. 또한 산
파들은 난산일 경우 성공적으로 분만하게 할 수 있고, 적절하다
싶으면 임신 초기에 유산시킬 수도 있네. 그렇지 않은가?

테아이테토스 그렇습니다.

소크라테스 자네는 산파의 이런 점도 알아차렸는가? 가장 훌륭한 자녀들을 생산하려면 어떤 여자가 어떤 남자와 결합해야 하는지에 관해 알 것은 다 안다는 점에서 산파들이야말로 가장 지혜로운 결혼 중매인이라는 것 말일세.

테아이테토스 그 점은 미처 몰랐습니다.

소크라테스 그러면 알아두게나. 산파들은 탯줄을 자르는 일보다 그런 일에 더 자부심을 느낀다네. 문제를 이렇게 보게. 자네는 e
작물을 돌보고 수확하는 것이 어떤 땅에 어떤 식물을 심고 어떤 씨앗을 뿌려야 하는지 아는 것과 같은 기술에 속한다고 생각하는가, 아니면 다른 기술에 속한다고 생각하는가?

테아이테토스 같은 기술에 속합니다.

소크라테스 여보게, 여자의 경우 후자의 기술이 수확하는 기술과 다르다고 생각하는가?

테아이테토스 다른 것 같지 않습니다. 150a

소크라테스 다르지 않고말고. 그러나 남자와 여자를 부적절하고 미숙한 방법으로 결합시키는 일이 있기에(이런 것을 뚜쟁이질이라고 하지) 산파들은 자신들의 명성을 지키려고 중매하는 일조차 기피한다네. 중매하다가 뚜쟁이질한다는 비난을 살까 두려워서 말일세. 그렇지만 진정한 산파만이 성공하는 중매인이라네.

테아이테토스 그런 것 같습니다.

소크라테스 산파가 하는 일은 이처럼 중요하지만, 내가 하는 일
만큼 중요하지는 않다네. 어떤 때는 모상(模像)[20]을 낳고 어떤 때 b

19 Artemis. 제우스(Zeus)와 레토(Leto)의 딸로, 아폴론(Apollon)의 쌍둥이 누이이며 사냥과 출산을 관장하는 처녀신이다.

는 진짜를 낳는 경우가 여자들에겐 없기 때문인데, 사실 이 둘을 구별하기란 쉬운 일이 아닐세. 만약 여자들이 그런다면, 진짜와 가짜를 구별하는 것이 산파들이 할 수 있는 가장 중요하고도 가장 훌륭한 일일 걸세. 자네는 그렇게 생각하지 않는가?

테아이테토스 그렇다고 생각합니다.

소크라테스 내 산파술은 대체로 그들의 산파술과 다르지 않네.
유일한 차이점이 있다면 내가 돌보는 것은 여자들이 아니라 남
자들이며, 내 관심사는 그들의 몸이 아니라 출산하는 그들의 혼
c 이라는 것이랄까. 내 기술의 가장 중요한 점은 젊은이의 사유(思
惟)[21]가 출산하는 것이 모상이자 가짜인지, 아니면 생명 있는 진
짜인지 온갖 방법으로 시험할 수 있다는 것일세. 그래도 나는 산
파들과 공통점도 있네. 나 자신은 지혜를 낳지 못한다는 점 말일
세. 나는 또 지혜가 없기 때문에 남들에게 묻기는 해도 내 생각
을 적극적으로 표현하지는 못한다는 취지의 비판을 많이 듣는
데, 그 또한 사실일세. 그 이유는 신은 내가 산파가 되도록 강제
d 했지만 나 자신이 출산하는 것은 막았기 때문일세. 그래서 나 자
신은 전혀 지혜롭지 못하며, 내 혼은 어떤 지혜로운 발견을 자
식으로 낳은 적도 없네. 그러나 나와 교제하는 사람들은 그러지
않네. 그들 몇몇은 처음에는 학습 능력이 전혀 없어 보였지만,
우리가 더 교제할수록 신이 허락하시는 자들은 모두 자신이 보
기에도 남이 보기에도 놀라운 진전을 보였네. 그리고 그들이 이

토록 진전을 보인 이유는 분명 그들이 내게 뭔가를 배웠기 때문이 아닐세. 그들이 출산한 수많은 훌륭한 진리는 그들 자신이 스스로 자기 안에서 발견한 것들일세.

그러나 그것들을 분만한 것은 신과 나의 작품일세. 다음이 e
그 확실한 증거일세. 전에는 사람들이 종종 내 역할을 알아차리지 못해 나를 얕잡아보고는 모든 걸 자신들의 공로로 돌리며, 자진해서 또는 남에게 설득당해서 때가 되기도 전에 내 곁을 떠났다네. 그리고 일단 내 곁을 떠나자 유해한 교제 때문인지 계속 유산을 했고, 내가 분만을 도운 자식들마저 잘못 양육한 탓에 모두 잃고 말았네. 그들은 참보다는 거짓과 모상을 더 중요하게 여겼으니까. 결국 그들은 자신이 보기에도 남이 보기에도 배울 능력이 없는 것으로 드러났네. 그들 중 한 명이 뤼시마코스의 아
들 아리스테이데스[22]인데, 그런 사람은 그 밖에도 많다네. 그들 151a
이 돌아와 다시 나와 교제하기를 간청하며 별의별 짓을 다하면 내게 나타나곤 하는 수호신[23]이 그들 가운데 어떤 자들과의 교

20 eidolon.

21 dianoia.

22 여기 나오는 뤼시마코스(Lysimachos)의 아들 아리스테이데스(Aristeides)에 관해서는 플라톤의 다른 대화편 『라케스』(*Laches*) 참조. 그는 페르시아 전쟁 때 혁혁한 전공을 세우고 청렴결백하기로 유명했던 아테나이 정치가이자 장군인 아리스테이데스(기원전 520년경~467년경)의 손자이다.

제는 금하고 어떤 자들과의 교제는 허락하는데, 그러면 이들은 다시 진전을 보인다네.

그런데 나와 교제하는 이들은 바로 이 점에서도 출산하는 여인들과 같네. 진통을 겪으며 밤낮없이 난관에 봉착한다는 것 말일세. 그것도 출산하는 여인들보다 훨씬 더 심하게 말이야. 그런데 내 기술은 이런 진통을 일으킬 수도 멎게 할 수도 있네.

b 그들의 처지는 그러하네. 하지만 테아이테토스, 내가 보기에 전혀 임신하지 않는 것 같은 사람들도 더러 있는데, 그들에게 내 도움이 필요 없다는 것을 안 뒤에는 그들을 위해 호의를 갖고 중매를 서주려고 하지. 자랑이 아니라, 나는 누구와 교제하는 것이 그들에게 이득이 될지 아주 잘 맞힌다네. 나는 그들 상당수를 프로디코스[24]에게 맡겼고, 또 다른 상당수는 지혜롭고 영험한 사람들에게 맡겼네.

여보게, 내가 왜 자네에게 이토록 긴말을 늘어놓느냐고? 그것은 자네도 그렇다고 생각하듯, 자네가 속에 무엇인가를 임
c 신해서 진통을 겪고 있다고 여겨지기 때문일세. 그러니 내가 산파의 아들이고 나 자신도 산파술의 전문가라는 점을 명심하고 자네를 내게 맡기고, 내가 묻는 말에 최선을 다해 대답해주게. 그리고 내가 자네 생각을 검토해보고서 그중 어떤 것을 참이 아닌 모상이라 판단하고는 유산시키고 내다 버린다 해도 첫아이를 빼앗긴 여자처럼 내게 사납게 덤비지는 말게. 여보게, 내가

그들이 임신하고 있던 어리석은 생각을 제거하면 이미 많은 사람이 나에게 말 그대로 물어뜯고 싶은 불타는 적개심을 갖곤 했네. 그들은 내가 선의로 그런다는 것을 모른다네. 그들은 어떤 신도 인간에게 악의를 품지 않으며, 나도 악의에서 그런 일을 d
하는 것이 아니라는 생각조차 못하는 게지. 내가 그러는 까닭은 거짓을 묵인하고 진리를 억압하는 것은 옳지 않기 때문일세.

그러니 테아이테토스, 처음부터 다시 출발하여 지식이 도대체 무엇인지 말해보게. 말하지 못하겠다는 말은 하지 말게. 자네는 할 수 있을 테니까. 만약 그것이 신의 뜻이고 자네가 용기를 잃지 않는다면 말일세.

1. 지식은 감각적 지각이다 : 프로타고라스와 상대주의 ; 헤라클레이토스의 만물유전설(151d~187b)

테아이테토스 소크라테스 선생님, 선생님께서 그렇게 격려해주시는데도 자신의 생각을 표현하려고 최선을 다하지 않는다면 도리가 아니겠지요. 제가 생각하기에는 어떤 사람이 무엇을 감 e

23 daimonion. 『소크라테스의 변론』 31c~d 참조.

24 Prodikos. 케오스(Keos) 섬 출신의 소피스트로, 소크라테스와 동년배이다.

각적으로 지각할 때 그것을 아는 것 같습니다. 지금 내가 볼 수 있는 한, 지식은 바로 감각적 지각[25]입니다.

소크라테스 참 잘했네, 젊은이. 대답은 그렇게 솔직하게 해야 하네. 그렇다면 우리는 자네의 대답이 생존 가능한 것인지 아니면 무정란(無精卵)에 불과한지 함께 검토해보세. 자네는 지식은 지각이라고 주장하는가?

테아이테토스 네.

소크라테스 지식에 관해 자네가 말한 것은 결코 시시한 이론이
152a 아닌 듯하네. 그것은 프로타고라스[26]도 주장하곤 하던 바일세. 같은 내용을 비록 다른 말로 표현했지만 말이야. 그는 어딘가에서 "인간은 만물의 척도이다. 존재하는 것들에 대해서는 그것들이 존재한다는 척도이고, 존재하지 않는 것들에 대해서는 그것들이 존재하지 않는다는 척도이다"라고 말하고 있으니까. 틀림없이 자네도 읽었겠지?

테아이테토스 네, 읽었습니다. 그것도 여러 번 읽었습니다.

소크라테스 여기서 그의 말뜻은, 각각의 것은 내게는 내게 나타나는 대로이고, 자네에게는 자네에게 나타나는 대로이며, 자네와 나는 저마다 인간이라는 것 아닌가?

테아이테토스 그렇습니다. 그게 그분의 말뜻입니다.

b **소크라테스** 그는 지혜로운 사람이니 아마 허튼소리를 하지는 않았을 걸세. 그러니 우리는 그를 따르기로 하세. 같은 바람이 부

는데도 우리 가운데 누구는 차다고 느끼고 누구는 차지 않다고 느끼거나, 누구는 쌀쌀하다고 느끼고 누구는 차다고 느낄 수 있지 않을까?

테아이테토스 물론입니다.

소크라테스 그럴 경우 우리는 바람 자체가 차다거나 차지 않다고 말해야 할까? 아니면 프로타고라스를 따라 바람이 차다고 느끼는 사람에게는 차지만, 차다고 느끼지 않는 사람에게는 차지 않다고 말해야 할까?

테아이테토스 아닌 게 아니라 후자인 것 같습니다.

소크라테스 바람은 우리 각자에게도 그렇게 나타나겠지?

테아이테토스 네.

소크라테스 그런데 '나타나다'는 지각한다는 뜻이겠지?

테아이테토스 그렇습니다.

소크라테스 그렇다면 나타남과 지각함은 같은 것일세. 더위 등의 c
경우에는 말일세. 그런 것들은 각자에게 각자가 지각하는 대로일세.

테아이테토스 그런 것 같습니다.

25 aisthesis.

26 Protagoras. 기원전 485년경 에게 해 북쪽 기슭의 압데라(Abdera)에서 태어났으며, 가장 유명한 소피스트이다.

소크라테스 따라서 언제나 지각은 존재하는 것에 대한 것이며, 지식이므로 거짓일 수 없네.

테아이테토스 분명히 그렇습니다.

소크라테스 어떤가? 프로타고라스는 모르는 게 없는 만물박사로서 우리 같은 보통 사람에게는 이런 수수께끼를 내주었지만 자기 제자들에게는 몰래 진리를 말해주었을까?

테아이테토스 소크라테스 선생님, 그게 무슨 말씀이신지요?

d **소크라테스** 내가 말해보겠네. 그것은 분명 예사롭지 않은 이론일세. 그것에 따르면, 그 자체로 하나〔一者〕인 것은 아무것도 없으며, 어떤 것도 특정한 이름으로 부를 수 없을뿐더러 어떤 성질을 지닌 것이라고 말할 수도 없다는 것일세. 만약 자네가 어떤 것을 '크다'고 부르면 그것은 작은 것으로 나타날 수도 있으며, 자네가 어떤 것을 '무겁다'고 부르면 그것은 가벼운 것으로 나타날 수도 있으며, 모든 것이 다 그렇다는 것일세. 하나〔一者〕이거나 어떤 것이거나 어떤 성질을 지닌 것은 아무것도 없으니까. 우리가 존재한다고 말하는 모든 것은 사실은 운동과 변화와 혼합의 결과물로 생성되는 것이며, 우리가 그것들을 '존재한다'고 말하는 것은 잘못이라는 걸세. 존재하는 것은 아무것도 없고 사
e 물은 언제나 생성되니까.

우리는 이 이론에 파르메니데스[27]를 제외한 과거의 모든 현자가 동의하는 것으로 볼 수 있을 걸세. 프로타고라스와 헤라클

레이토스와 엠페도클레스[28] 말일세. 또한 우리는 장르별 최고 시인인 희극의 에피카르모스[29]와 비극의 호메로스[30]도 동의한다고 볼 수 있을 걸세. 호메로스가

"신들의 아버지 오케아노스와 신들의 어머니 테튀스"[31]

라고 말할 때 그는 만물이 흐름과 변화의 자식이라고 말하는 것일세. 아니면 자네는 이것이 그의 말뜻이라고 생각하지 않는가?

27 Parmenides(기원전 515년경~450년 이후). 기원전 6세기 말에 이른바 '엘레아학파'를 창시한 철학자로, '존재하는 것'은 단일하고 나눌 수 없으며 불변한다고 주장했다. 파르메니데스의 이러한 일원론(一元論)은 그의 제자 제논(Zenon 기원전 490년경~445년 이후)이 계승했다.

28 헤라클레이토스(Herakleitos 기원전 540년경~480년경)는 소아시아 이오니아 지방의 에페소스(Ephesos) 시 출신 '소크라테스 이전 철학자'로, "만물은 흐른다"(panta rhei)는 유명한 말을 남겼다. 엠페도클레스(Empedokles 기원전 492~432년경)는 시칠리아 아크라가스(Akragas) 시 출신의 자연철학자로 4원소설(물, 공기, 불, 흙)을 주장했다.

29 Epicharmos. 기원전 6세기 말~5세기 초에 활동한 시칠리아 출신의 희극 작가로, 그의 작품은 단편(斷片)만 남아 있다.

30 Homeros. 기원전 730년경에 활동한 그리스의 서사시인으로, 작품으로는 『일리아스』(*Ilias*)와 『오뒷세이아』(*Odysseia*)가 남아 있다. 플라톤은 여기서 호메로스를 비극 시인으로 분류한다.

31 『일리아스』 14권 201, 302행. 오케아노스(Okeanos)는 그리스 신화에서 우라노스(Ouranos '하늘')와 가이아(Gaia '대지')의 아들로, 누이인 테튀스(Tethys)의 남편이다.

테아이테토스 그렇다고 생각합니다.

153a **소크라테스** 그런데 호메로스가 지휘하는 그런 대군을 상대로 논쟁을 벌이고도 웃음거리가 되지 않을 사람이 있기나 할까?

테아이테토스 쉽지 않을 것입니다, 소크라테스 선생님.

소크라테스 쉽지 않고말고, 테아이테토스. 그들의 이론을 충분히 뒷받침하는 또 다른 증거가 있네. 존재로 여겨지는 것과 생성은 움직임의 산물이고, 존재하지 않음과 소멸은 가만있음의 산물이라는 것 말일세. 이를테면 다른 모든 것을 낳고 지배하는 열 또는 불 자체는 운동과 마찰의 산물이며, 이 둘은 움직임일세. 아니면 이것들은 불의 원천이 아닌가?

b **테아이테토스** 그것들은 분명 불의 원천입니다.

소크라테스 나아가 동물들의 부류는 운동과 마찰에서 태어나네.

테아이테토스 왜 아니겠습니까?

소크라테스 어떤가? 몸의 상태는 가만있음과 게으름에 의해 망가지고, 대체로 체력단련과 움직임에 의해 보존되지 않는가?

테아이테토스 네, 그렇습니다.

소크라테스 그리고 혼의 상태는 어떤가? 혼은 움직임에 해당하는 배움과 익힘에 의해 지식을 얻고 보존되고 개선되는 반면,
c 익힘과 배움의 결여인 가만있음에 의해서는 아무것도 배우지 못하고 배운 것도 잊어버리지 않는가?

테아이테토스 물론입니다.

소크라테스 그렇다면 움직임은 혼에게도 몸에게도 좋은 것이고, 가만있음은 그 반대겠지?

테아이테토스 그런 것 같습니다.

소크라테스 그렇다면 자네에게 바람 한 점 없는 대기와 잔잔한 바다 등을 언급하며 가만있음은 사물을 썩게 하고 파괴하지만 움직임은 보존한다고 말할까? 그리고 논의에 종지부를 찍기 위해 호메로스의 '황금 밧줄'[32]을 끌어들이면서 호메로스가 말하는 것은 태양이며, 천체와 태양이 회전하는 한 천상과 지상의 모든 것이 존재하고 보존되지만, 만약 그것들이 묶인 듯이 멈춰서면 모든 것이 파괴되고 세상이 말 그대로 뒤죽박죽이 되고 말리라는 것이 그의 말뜻이라고 주장할까? d

테아이테토스 소크라테스 선생님, 그의 말뜻은 아닌 게 아니라 선생님께서 말씀하신 그대로인 것 같습니다.

소크라테스 그렇다면 여보게, 이렇게 생각해보게. 먼저 눈과 관련하여 자네가 '흰색'이라고 부르는 색깔은 자네의 눈 밖에 따

32 『일리아스』 8권 17~27행 참조. 제우스는 다음과 같이 힘자랑을 한다. "그대들은 황금 밧줄을 하늘에 매달아놓고, 남신이든 여신이든 모두 거기에 매달려보시오. 하지만 그대들은 아무리 용을 써도 최고의 조언자인 이 제우스를 하늘에서 들판으로 끌어내리지 못할 것이오. 그러나 내가 마음먹고 그대들처럼 끌어당기려 한다면, 대지와 바다와 함께 그대들을 끌어올릴 수 있을 것이오. 그러고 나서 내가 그 밧줄을 올림포스의 꼭대기에 매어놓으면, 이번에는 모든 것이 공중에 매달릴 것이오."

로 존재하는 것으로도, 눈 안에 존재하는 것으로도 생각해서는
e 안 되네. 그것에 어떤 장소를 정해줘서는 안 된다는 말일세. 그
러면 그것은 즉시 정해진 장소에 존재하고 머무르며 생성의 과
정에서 벗어날 테니까.

테아이테토스 무슨 말씀이신지요?

소크라테스 조금 전 이론에 따라 그 자체로 하나인 것은 아무것
도 없다고 가정하세. 그러면 우리는 검은색이나 흰색이나 그 밖
154a 의 다른 색은 눈이 눈에 맞는 운동과 충돌해서 생기는 것이고,
우리가 색깔이라고 부르는 것은 충돌에서 능동적이거나 수동
적인 것이 아니라 이 둘 사이에서 생겨나는 것으로 각자에게 고
유하다는 것을 발견할 걸세. 아니면 자네는 모든 색깔이 자네에
게 나타나는 그대로 개나 아무 동물에게도 나타난다고 우길 참
인가?

테아이테토스 제우스에 맹세코, 그렇게 우기지는 않을 겁니다.

소크라테스 다른 사람에게는 어떤가? 무엇이건 그에게도 자네에
게 나타나는 그대로 나타날까? 그런다고 우길 자신이 있는가?
아니면 그것은 자네 자신에게도 같은 것으로 나타나지 않는다
고 주장해야 하지 않을까? 자네는 결코 같은 상태에 머무르지
않으니까.

테아이테토스 전자보다 후자가 참에 더 가까운 것 같습니다.

b **소크라테스** 그렇다면 만약 우리가 그것과 비교하여 우리 자신을

재어보는 것 또는 우리가 만져보는 것이 정말로 크거나 희거나 뜨겁다면, 그것은 자체가 변하지 않는 한 다른 사람과 마주친다고 해서 달라지지 않을 걸세. 또한 만약 재어보거나 만져보는 것이 정말로 크거나 희거나 뜨겁다면, 그것은 자체에게 아무 일도 일어나지 않는 한 다른 것이 다가오거나 다가오는 것에게 어떤 일이 일어난다고 해서 달라지지 않을 걸세. 여보게, 사실 우리는 프로타고라스나 그와 같은 주장을 하려는 사람이면 누구나 놀랍고도 가소롭다고 주장할 만한 발언들을 너무 쉽게 하네.

테아이테토스 도대체 무엇이 어째서 가소롭다는 건가요?

소크라테스 사소한 예를 하나 들면 자네는 내 말뜻을 전부 알아 c
차릴 걸세. 여기 주사위 6개가 있다고 가정해보게. 만약 그 옆에 주사위 4개를 갖다 놓고 견주면 주사위 6개는 주사위 4개보다 더 많으며 주사위 4개의 1.5배라고 말하네. 그러나 그것들을 12개의 주사위 옆에 갖다 놓고 견주면 우리는 주사위 6개가 더 적으며 절반이라고 말하네. 그리고 우리는 다르게 말하는 것은 용인하지 않네. 아니면 자네는 용인할 텐가?

테아이테토스 저는 용인하지 않을 겁니다.

소크라테스 어떤가? 프로타고라스나 다른 누가 "오오, 테아이테토스! 어떤 것이 증가하는 것 말고 다른 방법으로 더 커지거나 더 많아질 수 있을까?" 하고 묻는다면, 뭐라고 대답할 텐가?

테아이테토스 소크라테스 선생님, 지금 질문과 관련하여 제가 생

d 각하는 바를 말한다면 그럴 수 없다고 대답할 것입니다. 그러나 앞서 질문[33]과 관련지어 생각한다면 자기모순에 빠질까 두려워서 그럴 수 있다고 대답하겠습니다.

소크라테스 여보게, 그건 분명 신에게 영감을 받은 명답(名答)일세. 하지만 '그럴 수 있다'는 자네의 대답은 분명 에우리피데스식 말투일세. 자네의 혀는 반박에서 자유로워도 자네의 마음은 반박에서 자유롭지 못할 테니까.[34]

테아이테토스 맞습니다.

소크라테스 만약 나와 자네가 영리하고 지혜로워서 마음속 생각을 모두 검토했다면 서로를 시험하며 남은 시간을 보내도 되겠지. 반론을 주고받으며 소피스트[35] 식으로 언쟁을 벌여도 좋을
e 거라는 말일세. 그러나 우리는 평범한 사람인지라 서로의 생각을 비교하며 그것이 과연 존재하는지, 서로 일치하는지 아니면 전혀 일치하지 않는지 알아보는 것이 우리의 우선적 관심사일 걸세.

테아이테토스 그것은 제가 원하는 바입니다.

소크라테스 내가 원하는 바이기도 하네. 그러면 우리는 시간도 많으니 서두르지 말고 차분하게 우리 자신을 들여다보며 우리 마음속의 이런 '나타남'들이 정확히 무엇인지 다시 검토해야 하
155a 지 않을까? 그것을 다시 검토해볼 때 우리는 첫째, 자신과 동등한 한 어떤 것도 크기나 수에서 더 커지거나 더 작아질 수 없다

고 말해야 할 걸세. 그렇지 않은가?

테아이테토스 네, 그렇습니다.

소크라테스 둘째, 우리는 보탠 것도 뺀 것도 없는 것은 증가하지도 감소하지도 않고 언제나 동등하다고 말해야 하네.

테아이테토스 물론입니다.

소크라테스 셋째, 우리는 이전에 존재하지 않던 것이 생성되었 b
거나 생성되지 않고 나중에 존재하는 것은 불가능하다고 말해야 하지 않을까?

테아이테토스 아닌 게 아니라 그런 것 같습니다.

소크라테스 내가 보기에, 이 세 가지 원칙은 주사위 경우를 생각하면 우리 혼 안에서 그 자신과 충돌하는 것 같네. 다른 예를 하나 들어보겠네. 어른인 나는 더 자란 것도 아니고 줄어든 것도

33 주사위에 관한 질문.

34 에우리피데스(Euripides), 『힙폴뤼토스』(*Hippolytos*) 612행 참조. "맹세를 한 것은 혀이고, 내 마음은 맹세하지 않았소." 에우리피데스는 그리스 3대 비극 작가 중 가장 나중 사람이다.

35 소피스트의 그리스어 sophistes는 형용사 sophos('지혜로운')에서 파생한 명사로, 말 그대로 옮기면 '지혜로운 사람'이라는 뜻이다. 이 말은 기원전 5세기에 보수를 받고 지식을 가르쳐주는 순회 교사를 의미했다. 그들이 가르친 과목은 수학, 문법, 지리 등 다양했지만, 출세를 바라는 젊은이들에게 주로 수사학을 가르쳤다. 그들은 진리의 상대성을 주장한 까닭에 '궤변학파'라고도 불린다.

아닌데 지금은 소년인 자네보다 키가 더 크지만, 일 년 뒤 나중
에는 내 키가 줄어든 것도 아니건만 자네가 자란 까닭에 나는 더
c 작을 수 있네. 이는 곧 내가 나중에는 어떤 생성 과정을 거치지 않
고도 이전에는 아니었던 것이 된다는 것을 의미하네. 생성되지
않고는 어떤 일도 일어날 수 없고, 나는 몸집이 줄지 않고는 더 작
아질 수 없기에 하는 말일세. 우리가 이런 예를 받아들인다면, 이
런 예는 부지기수일세. 테아이테토스, 내 말뜻을 이해하는 걸 보
니 자네에게는 이런 문제가 생소하기만 한 것은 아닌 듯하구먼.

테아이테토스 생소하지 않고말고요, 소크라테스 선생님. 그런 것
들이 도대체 무엇을 의미할까 하고 저는 몹시 놀라곤 하며,[36] 그
런 것들을 들여다보노라면 현기증이 날 때도 있습니다.

d **소크라테스** 여보게, 여기 있는 테오도로스님이 자네 본성을 잘못
평가하지는 않은 것 같네. 그렇게 놀라는 감정이야말로 철학자
의 특징이라네. 이것 말고 철학의 다른 출발점은 없네. 그러니 이
리스를 타우마스의 딸이라고 말한 사람이 하찮은 계보학자[37]는
아니었던 것 같네. 하지만 프로타고라스가 주장했다고 우리가
말한 이론에 따르면 어째서 이런 것들이 그러한지 이제는 이해
하겠는가, 아니면 아직도 이해하지 못하겠는가?

테아이테토스 저는 아직도 이해하지 못한 것 같습니다.

소크라테스 그렇다면 탁월한 인물 또는 탁월한 인물의 생각 속에
e 감추어진 진리를 발굴하도록 내가 자네를 돕는다면, 자네는 고

맙게 여기겠구먼.

테아이테토스 물론 고맙게 여길 것입니다. 그것도 매우 말입니다.

소크라테스 그렇다면 주위를 둘러보고 입문하지 않은[38] 사람은 누구도 우리 대화를 엿듣지 못하도록 하게. 내가 말하는 입문하지 않은 사람이란 손으로 잡을 수 있는 것 말고는 아무것도 존재하지 않는다고 믿으며, 행위나 생성이나 눈에 보이지 않는 것이 존재에 관여한다는 것을 인정하지 않는 자일세.

테아이테토스 소크라테스 선생님, 선생님 말씀을 들으니 그들은 상대하기 어려운 껄끄러운 사람들 같습니다. 156a

소크라테스 여보게, 그들은 그야말로 교양 없는 자들이지. 그러나 훨씬 더 세련된 부류가 있는데, 내 그들의 비의(秘儀)[39]를 자네에게 말해주겠네. 우리가 방금 말한 모든 것이 달려 있는 그

36 thaumazo.

37 헤시오도스. 헤시오도스(Hesiodos), 『신들의 계보』(*Theogonia*) 265~266행 참조. 타우마스(Thaumas)는 '놀라움'이라는 뜻이며 바다의 신 폰토스(Pontos)와 대지의 여신(Gaia)의 아들로, 오케아노스의 딸 엘렉트라(Elektra)와 결혼하여 이리스(Iris)를 낳는다. 신들의 여자 전령 이리스는 신들이 사는 하늘과 인간이 사는 지상을 이어주는 무지개이다.

38 철학에 입문하지 않은 것을 말한다.

39 mysterion. 일종의 밀교 의식을 말한다. 그중에서도 곡물과 농업의 여신 데메테르(Demeter)와 그녀의 딸 페르세포네(Persephone)를 기리기 위해 지금의 9~10월에 아테나이 근처 엘레우시스(Eleusis)에서 열리던 비의가 특히 유명했다.

들의 출발점은 우주는 변화이며, 변화 말고 다른 것은 아무것도 존재하지 않는다는 것일세. 변화에는 두 종류가 있는데, 저마다 무수히 많지만 하나는 능동적이고 다른 하나는 수동적이라는 차이가 있네. 이 둘의 교합과 상호 마찰에서 무수히 많은 자식이
b 언제나 쌍둥이로 태어나는데, 하나는 지각된 것이고 다른 하나는 지각이며, 지각의 탄생은 언제나 지각된 것의 탄생과 일치한다네. 지각을 위해 우리는 시각, 청각, 후각, 냉기, 열기 같은 이름을 가지며, 그 밖에도 즐거움, 고통, 욕구, 두려움 등으로 불리는 것들이 있네. 이름을 가진 것도 아주 많지만, 이름 없는 것도 무수히 많네. 한편 이들 지각의 각각에는 동족 관계에 있는 지각된 것의 부류가 있는데, 온갖 종류의 시각에는 온갖 종류의
c 색깔이, 마찬가지로 청각에는 소리가, 다른 지각에는 동족 관계에 있는 다른 지각된 것이 있네. 테아이테토스, 자네는 앞서 논의된 것과 관련하여 이 이야기가 우리에게 무엇을 의미하는지 알겠는가?

테아이테토스 전혀 모르겠습니다, 소크라테스 선생님.

소크라테스 우리가 이 이야기를 마무리지을 수 있을지 살펴보게. 이 이야기의 요지는 이 모든 것이 우리가 말했듯이 변화하지만 그것들의 변화에는 빠름과 느림이 있다는 것일세. 변화가 느린 것은 같은 장소에서 가까이 있는 것과 관련하여 변화하며 그런 식으로 자식들을 낳는데, 그런 식으로 태어난 자식들은 이리저

리 이동하고 그것들의 변화는 장소를 이동하는 데 있기 때문에 d
더 빠르다는 것일세.

이를테면 눈과 눈에 적합한 대상이 서로 다가가 흼과 흼과 동족 관계에 있는 지각을 낳는다고 생각해보게. 이런 것들은 눈과 눈에 적합한 대상 가운데 어느 하나가 다른 것을 만났더라면 생겨나지 않았을 걸세. 바로 그 순간 눈으로부터는 봄이, 눈과 짝을 지어 색깔을 낳는 대상으로부터는 흼이 둘 사이의 공간으
로 이동하네. 그리하여 눈은 봄으로 가득차 그제야 보게 되고 그 e
저 봄이 아니라 보는 눈이 되며, 눈과 짝을 지어 색깔을 낳는 대상은 흼으로 가득차되 역시 흼이 아니라 흰 것이 된다네. 그것이 나무 막대기든 돌이든 그 밖에 흰색을 띠는 다른 것이든.

우리는 단단한 것이나 뜨거운 것이나 그 밖의 모든 지각의 대상도 마찬가지라고 생각해야 하네. 조금 전에 말했듯이 그 자
체로 존재하는 것은 아무것도 없으며, 모든 것은 서로 교합함으 157a
로써 변화의 결과물로서 온갖 것이 된다고 생각해야 한다는 말일세. 그들에 따르면, 능동적 요소와 수동적 요소조차도 따로 취해서 그것들이 존재한다고 단정하는 것은 불가능하기 때문일세. 능동적 요소는 수동적 요소 없이는 아무것도 아니고, 수동적 요소는 능동적 요소 없이는 아무것도 아니기 때문일세. 그리고 어떤 관계에서는 능동적인 것이 다른 관계에서는 수동적인 것으로 드러나니까.

이 모든 것의 결론은 우리가 처음에 말했듯이 그 자체로 하나〔一者〕인 것은 아무것도 없고 사물은 언제나 어떤 관계 속에
b 서 생성되며, '존재한다'는 표현은 어디에서나 배제해야 한다는 것일세. 비록 우리가 방금도 습관과 무지 탓에 그런 표현을 여러 번 쓸 수밖에 없었지만 말일세. 그러나 이 현자들에 따르면 우리는 그래서는 안 되며, '어떤 것' '누군가의' '나의' '이것' '저것'이나 사물을 정지하게 만드는 그 밖의 다른 이름을 사용해서도 안 되네. 대신 우리는 사물의 본성에 맞는 표현을 사용해서 사물을 생성되고 산출되고 파괴되고 달라지는 것으로 표현해야 하네. 그들에 따르면, 사물을 말로 정지시키는 사람이 있다면 그는 쉽게 반박당할 테니까. 그래서 우리는 개별적인 경우에도,
c 사람이나 돌이나 어떤 동물이나 유(類) 전체의 이름이 쓰이는 집합적인 경우에도 그렇게 말해야 한다는 것일세. 테아이테토스, 자네는 이런 생각이 마음에 들며, 진수성찬이 될 것이라고 생각하는가?

테아이테토스 잘 모르겠습니다, 소크라테스 선생님. 사실 저는 선생님께서 자신의 생각을 말씀하시는 것인지, 아니면 저를 시험하고 계시는지조차 알 수 없거든요.

소크라테스 여보게, 자네는 벌써 잊은 것 같은데, 나는 아무 지식도 없으며 그런 생각을 내 것이라고 주장할 수가 없네. 그런 생각과 관련하여 나는 불임일세. 그러나 나는 자네의 산파 노릇을

하고 있으며, 그래서 주문을 외며 현자 무리가 저마다 내놓는 d
별미를 자네에게 맛보라고 권하는 것일세. 나의 이런 행동은 내가 자네를 도와 자네 자신의 생각을 세상에 드러내게 할 때까지 계속될 걸세. 그러나 일단 자네 생각이 드러나고 나면 나는 그것이 무정란으로 밝혀질지 아니면 생존 가능한 것으로 밝혀질지 세심하게 살펴볼 걸세. 그러니 자네는 낙담하지 말고 굳건히 버티면서, 묻는 말에 자네 신념에 따라 용감하게 대답해주게.

테아이테토스 질문하십시오.

소크라테스 그러면 한 번 더 말해주게. 훌륭한 것과 아름다운 것과 우리가 방금 열거한 모든 것은 존재할 수는 없고 언제나 생성된다는 이론이 자네 마음에 드는지 말일세.

테아이테토스 아닌 게 아니라 선생님 설명을 듣고 보니 그것은 매우 합리적인 이론 같고, 선생님께서 제시하신 대로 받아들여야 할 것 같습니다.

소크라테스 좋네. 그러나 우리 이론은 아직은 완전하지 못하네. e
꿈과 광기를 포함한 질병과 그 밖의 다른 방법으로 잘못 듣거나 잘못 보거나 잘못 지각하는 것으로 일컬어지는 모든 경우의 문제를 우리가 아직 논의하지 못했다는 말일세. 자네도 알다시피, 이 모든 경우에 우리가 검토한 이론이 논박되었다는 데 누구나
동의한다네. 그런 경우에는 분명 그릇된 지각이 포함되어 각자 158a
에게 나타나는 사물은 나타나는 그대로가 아니라 전적으로 그

반대이며, 나타나는 그대로인 것은 아무것도 없다는 이유에서 말일세.

테아이테토스 참으로 맞는 말씀입니다, 소크라테스 선생님.

소크라테스 그렇다면 여보게, 감각적 지각이 지식이며, 누군가에게 나타나는 것은 그 사람에게는 나타나는 그대로라고 주장하는 사람에게 아직도 무슨 할 말이 남아 있을까?

테아이테토스 소크라테스 선생님, 저는 할 말이 없다는 말씀을 드리기가 망설여집니다. 방금 그렇게 말하다가 선생님에게 야
b 단맞았으니까요. 그러나 실제로 미친 사람들이 자신들은 왕이라고 생각하고, 꿈꾸는 자들이 잠자면서 자신들은 날개를 달고 날아다닌다고 있다고 생각할 때, 그들이 그릇된 판단을 하는 것이 아니라고 이의를 제기할 자신이 없습니다.

소크라테스 그렇다면 자네는 이런 현상, 특히 꿈과 생시에 관련된 다른 문제가 있다는 것도 보이지 않는가?

테아이테토스 그게 어떤 문제죠?

소크라테스 자네는 사람들이 이렇게 질문하는 것을 들어봤을 걸세. 지금 이 순간 우리는 잠자고 있고 우리의 모든 생각은 한낱 꿈인지, 아니면 우리는 깨어 있고 깨어 있는 상태에서 대화를
c 나누고 있는지 어떤 사람이 묻는다면, 우리의 주장을 뒷받침하기 위해 어떤 증거를 댈 수 있을까?

테아이테토스 소크라테스 선생님, 아닌 게 아니라 어떤 증거를

댈 수 있을지 모르겠습니다. 이 두 상태는 대칭을 이루듯이 모든 점에서 정확하게 일치하니 말입니다. 우리가 방금 나눈 대화를 꿈속에서도 나눈다고 생각하지 못할 이유가 전혀 없으니까요. 그리고 우리가 꿈 이야기를 하는 꿈을 꿀 경우 이 두 상황은 놀랍도록 비슷합니다.

소크라테스 그러니 자네도 보다시피 우리가 깨어 있는지 아니
면 자고 있는지에 대해서도 문제를 제기할 수 있는 만큼, 문제 d
를 제기하는 것은 결코 어려운 일이 아닐세. 또한 우리가 잠자는 시간과 깨어 있는 시간은 길이가 같으며, 각각의 상태에서 우리 혼은 그때그때의 인상이 참이라고 믿는다네. 그 결과 우리는 이것들이 실재하는 것이라고 주장하며 한쪽의 같은 기간을 보내고, 저것들이 실재하는 것이라고 주장하며 다른 한쪽의 같은 기간을 보낸다네.

테아이테토스 전적으로 동의합니다.

소크라테스 질병과 광기에도 같은 논리가 적용되겠지? 시간의 길이가 같지 않다는 점만 빼고 말일세.

테아이테토스 옳은 말씀입니다.

소크라테스 어떤가? 시간의 길고 짧음에 따라 참이 결정되는가?

테아이테토스 그건 여러모로 우습겠지요. e

소크라테스 그렇다면 자네는 그런 판단들이 참인지 거짓인지 명확히 밝혀줄 방법이 있는가?

테아이테토스 제 생각에는 없는 것 같습니다.

소크라테스 그렇다면 어떤 사람이 그때그때 판단하는 것이 그에게는 참이라고 주장하는 사람들이 이 문제와 관련하여 어떤 말을 할 것 같은지 내 말을 들어보게. 그들은 아마 이렇게 물을 걸세. "테아이테토스, 어떤 것이 다른 것과 전적으로 다르다면 다른 것과 같은 힘을 갖는다는 것은 불가능하지 않을까? 알아두게. 여기서 '다르다'는 말은 부분적으로 다른 것이 아니라 전적으로 다른 것을 의미하네."

159a **테아이테토스** 그 둘이 전적으로 다르다면 어떤 힘이나 그 밖의 어떤 것을 공유한다는 것은 불가능합니다.

소크라테스 그렇다면 우리는 그 둘이 비슷하지 않다는 것도 인정해야 하지 않을까?

테아이테토스 그래야 한다고 생각합니다.

소크라테스 그러면 어떤 것이 자기 자신이나 그 밖의 다른 것과 비슷해지거나 비슷해지지 않을 경우, 우리는 비슷해지는 것은 같은 것이 되고 비슷해지지 않는 것은 다른 것이 된다고 말하겠지?

테아이테토스 당연하지요.

소크라테스 그런데 우리는 앞서[40] 능동적인 것도 무수히 많고 수동적인 것도 무수히 많다고 말하지 않았던가?

테아이테토스 네, 그렇게 말했습니다.

소크라테스 또한 우리는 어떤 것이 둘 중 이것과도 교합하고 다른 것과도 교합하면, 거기에서 태어나는 자식은 같지 않고 다르다고 말하지 않았던가?

테아이테토스 물론 그렇게 말했지요. b

소크라테스 이번에는 나와 자네와 그 밖의 다른 것에게도 이 논리를 적용해보세. 소크라테스는 건강하다고 가정해보고, 소크라테스는 아프다고도 가정해보세. 우리는 한쪽은 다른 한쪽과 비슷하다고 말할 텐가, 아니면 비슷하지 않다고 말할 텐가?

테아이테토스 선생님께서는 아픈 소크라테스 전체를 건강한 소크라테스 전체와 비교하시겠다는 건가요?

소크라테스 자네는 제대로 이해했네. 그게 내 말뜻일세.

테아이테토스 둘은 분명 비슷하지 않습니다.

소크라테스 비슷하지 않으니 다르기도 하겠지?

테아이테토스 당연하지요.

소크라테스 잠자는 소크라테스와 방금 언급한 상태들에 관해서 c
도 우리는 같은 말을 할 텐가?

테아이테토스 네.

소크라테스 그러면 본성이 능동적인 것은 저마다 건강한 소크라테스를 발견하느냐, 아픈 소크라테스를 발견하느냐에 따라 나를 다른 사람으로 대하겠지?

40 156a.

테아이테토스 물론입니다.

소크라테스 또한 수동적인 나와 능동적인 그것이 결합하여 경우에 따라 다른 자식들을 낳겠지?

테아이테토스 왜 아니겠습니까?

소크라테스 내가 건강할 때 마시면, 포도주는 내게 달콤하고 즐거운 것으로 느껴지겠지?

테아이테토스 네.

d **소크라테스** 그것은 앞서 우리가 동의한 바에 따르면[41] 능동적 요소와 수동적 요소는 둘이서 동시에 운동하는 달콤함과 지각을 낳는데, 수동적 요소 쪽에서는 지각이 혀를 지각하는 것으로 만들어주고 포도주 쪽에서는 그 주위를 맴도는 달콤함이 포도주를 건강한 혀에는 달콤한 것으로 만들뿐더러 달콤하게 느껴지게도 만들기 때문일세.

테아이테토스 앞서 우리는 그렇다는 데 분명 동의한 바 있습니다.

소크라테스 그러나 포도주가 아픈 소크라테스를 발견한다면, 먼저 알아두어야 할 것은 그것이 만난 것은 사실은 같은 사람이 아니라는 걸세. 그렇지 않은가? 포도주가 만난 것은 비슷하지 않은 사람이니까.

테아이테토스 네.

e **소크라테스** 그리하여 이런 상태의 소크라테스와 포도주 마시기라는 한 쌍은 다른 자식들을 낳는다네. 혀 주위를 맴도는 씀의

지각과 생겨나서 포도주 주위를 맴도는 씀 말일세. 그러면 포도주는 씀이 아니라 쓴 것이 되고, 나는 지각이 아니라 지각하는 것이 되겠지?

테아이테토스 그러고말고요.

소크라테스 그리고 나는 다른 것은 그렇게 지각할 수 없을 걸세. 다른 것의 지각은 다른 지각이고, 지각하는 자를 달리 지각하는 자로 만드니까. 또한 나에게 작용하는 것도 다른 사람을 만나 같 160a
은 자식을 낳거나 지금과 같은 것이 될 수 없을 걸세. 그것은 다른 것으로부터 다른 것을 낳고, 스스로 다른 종류의 것이 될 테니까.

테아이테토스 그렇습니다.

소크라테스 또한 나도 지금의 나와 같아지지 않을 것이고, 그것도 지금의 그것과 같아지지 않을 걸세.

테아이테토스 같아지지 않고말고요.

소크라테스 또한 내가 지각하는 자가 될 때는 분명 어떤 것을 지각하는 자가 될 걸세. 지각하되 아무것도 지각하지 않는다는 것은 불가능하니까. 마찬가지로 지각되는 것이 달거나 쓰거나 하면 틀림없이 누군가에게 그럴 걸세. 달되 아무에게도 달지 않다 b
는 것은 불가능하니까.

테아이테토스 전적으로 동의합니다.

41 156e 이하.

소크라테스 그러면 남는 유일한 결론은 아마도, 자네가 나와 지각되는 것이 존재한다고 말하든 생성된다고 말하든 그것은 상호관계에서 그런다는 것일세. 나와 지각되는 것의 존재는 필연적으로 어떤 것에게 묶여 있지만, 다른 것에게도 우리 자신에게도 묶여 있지 않아서 서로에게 묶여 있을 수밖에 없으니까. 따라서 어떤 사람이 어떤 것이 '존재한다'고 말할 때는 '무엇인가에게' 또는 '무엇인가로부터' 또는 '무엇인가와 관련하여'라는 말을 덧붙여야 하며, 이 점은 어떤 것이 '생성된다'고 말할 때도 마찬가지일세. 그러나 그는 어떤 것이 그 자체로 존재한다거나 생성된다고 말해서도 안 되고, 남이 그렇게 말하는 것을 받아들여
c 서도 안 되네. 이것이 우리가 설명한 이론의 요지일세.

테아이테토스 전적으로 동의합니다, 소크라테스 선생님.

소크라테스 그러면 나에게 작용하는 것은 나를 위한 것이고 다른 사람을 위한 것이 아니니, 나는 지각하지만 다른 사람은 지각하지 못하겠지?

테아이테토스 물론입니다.

소크라테스 그렇다면 나에게는 나의 지각이 참일세. 나의 지각은 언제나 내 존재의 일부이니까. 나는 또한 프로타고라스의 말처럼 나를 위해 존재하는 것들이 존재하는지, 나를 위해 존재하지 않는 것들이 존재하지 않는 것인지 결정하는 판관일세.

테아이테토스 그런 것 같습니다.

소크라테스 따라서 만약 내가 오류를 범하지 않으며 존재하는 것들이나 생성되는 것들과 관련하여 내 사고가 틀리지 않다면, 내 d
가 지각하는 것을 모를 수 있을까?

테아이테토스 그럴 수 없습니다.

소크라테스 따라서 지식은 바로 지각이라는 자네 말은 지당하네. 그리고 만물은 흐름처럼 움직인다는 호메로스와 헤라클레이토스와 그들의 모든 추종자의 학설과, 인간이 만물의 척도라는 가장 지혜로운 프로타고라스의 학설과, 그렇다면 지각이 지식이
라는 테아이테토스의 견해는 일치하네. 그러면 테아이테토스, e
우리는 바로 이것이 내 산파술에 힘입어 갓 태어난 자네 자식이라고 말할까? 아니면 자네는 무엇이라고 말할 텐가?

테아이테토스 우리는 그렇다고 말해야겠지요, 소크라테스 선생님.

소크라테스 그러면 우리는 오랜 산고 끝에 이런 아이를 낳은 셈이네. 그것이 정확히 어떤 것으로 밝혀지든 간에 말이야. 일단 아이가 태어났으니 우리는 관습에 따라 아이를 안고 화롯가를
돌며 이 아이가 양육할 가치가 있는지,[42] 아니면 무정란이고 가 161a

42 아테나이에서는 아이가 태어난 지 닷새쯤 되는 날에 산파가 아이를 안고 집안의 화롯가를 돌며 자세히 살펴보고는(ta amphidromia) 아이에게 문제가 없다고 판단되면 이름을 지어주고 가족으로 받아들였다. 그러나 아이에게 문제가 있다고 판단되면 내다버렸는데, 전사(戰士) 국가인 스파르테(Sparte)에서는 그 기준이 특히 엄격했다고 한다.

짜인지 살펴봐야 하네. 아니면 자네는 무슨 일이 있어도 이 아이를 내다 버리지 말고 양육해야 한다고 생각하는가? 자네는 이 아이가 논박당하는 것을 보고도 참을 수 있으며, 자네의 첫아이가 자네에게서 끌려가도 화내지 않을 자신이 있는가?

테오도로스 테아이테토스는 참을 걸요, 소크라테스님. 그는 전혀 성마르지 않으니까요. 하지만 그런 견해가 어떤 점에서 잘못된 것인지 설명해주시죠.

소크라테스 테오도로스님, 그대는 참으로 논의를 좋아하시는군
요. 또한 그대는 순진하게도 소크라테스는 논의가 가득 든 보
따리인지라 그중 하나를 손쉽게 끄집어내어 다른 견해는 잘못
b 된 것이라고 말할 수 있으리라고 생각하시는군요. 하지만 그대
는 어떤 일이 벌어지는지 파악하지 못하고 있어요. 논의 중에 나
한테서 나오는 것은 아무것도 없고, 논의는 언제나 나와 논의하
는 사람에게서 나온다는 것 말입니다. 나는 그저 지혜로운 사람
한테서 논의를 이끌어내 적절히 받아들일 수 있을 만큼만 알 뿐
이라오. 지금도 나는 테아이테토스한테서 논의를 이끌어내려고
시도하고, 나 자신이 무엇인가를 말하려고 시도하지는 않으렵
니다.

테오도로스 그게 낫겠어요, 소크라테스님. 말씀하신 대로 하시지요.

소크라테스 그러면 테오도로스님, 그대는 어떤 점에서 그대

의 친구인 프로타고라스가 나를 어리둥절하게 하는지 아시겠나요?

테오도로스 어떤 점에서죠? c

소크라테스 나는 각자에게 나타나는 것이 각자에게 존재한다는 그의 이론에 매혹되었지만, 그의 논의의 첫머리는 나를 어리둥절하게 해요. 『진리』[43]라는 책을 쓸 때 그는 왜 돼지 또는 개코원숭이 또는 지각을 가진 다른 낯선 괴물이 '만물의 척도이다'라는 말로 시작하지 않았을까요? 그랬더라면 그는 우리를 깔보듯 거창하게 첫머리를 장식하며, 그가 신인 양 우리가 그의 지혜에 경탄해도 그는 사실 지적 능력에서 다른 누구는 고사하고 올챙이보다 더 나을 게 없다는 것을 대번에 보여줄 수 있었겠지요. d

테오도로스님, 우리가 달리 무슨 말을 할 수 있겠어요? 각자가 지각에 의해 판단하는 것이 자신에게는 참이라면, 어느 누구도 남의 경험을 더 잘 판단할 수 없다면, 그리하여 어느 누구도 남의 판단이 옳은지 그른지 검토할 자격이 없다면, 그래서 누차 말했듯이 각자가 자신에게는 유일한 판관이고 자신이 판단하는 것은 모두 옳고 참이라면, 테오도로스님, 어째서 프로타고라스는 자신은 지혜로워서 남을 가르치고 고액의 보수를 받 e

43 *Aletheia*. 지금 남아 있지 않은 이 저술에서 프로타고라스는 진리의 객관성과 절대성에 회의를 표명했다고 한다.

을 자격이 있다고 생각하고, 어째서 우리는 더 무지하여 그에게 가서 배워야 할까요? 우리 각자가 자신의 지혜의 척도라면 말입니다. 우리는 프로타고라스가 대중의 환심을 사려고 이런 말을 했다고 생각해야 하지 않을까요? 그럴 경우 내 산파술이 얼마나 우스꽝스러워 보일지는 말하지 않겠어요. 나는 모든 철학적 논의도 사정은 마찬가지일 것이라고 생각합니다. 각자의 나타남
162a 과 판단이 옳은데 서로의 나타남과 판단을 검토하고 반박하려 하는 것은 틀림없이 지루하고 싫증나는 허튼소리가 될 거예요. 만약 프로타고라스의 『진리』가 참이고, 그가 책이라는 성소(聖所)로부터 마음에 없는 말을 농담 삼아 신탁처럼 말하는 게 아니라면 말입니다.

테오도로스 소크라테스님, 그대가 방금 말했듯이 프로타고라스는 나와 친한 사이랍니다. 그래서 내가 그대에게 동의함으로써 그분이 논박당하기를 바라지 않아요. 또한 나는 내 판단에 반해 그대를 반박하는 것도 바라지 않고요. 그러니 다시 테아이테토스를 상대하시지요. 아무튼 그는 지금 그대의 말뜻을 아주 잘 따라가는 것처럼 보이니까요.

b **소크라테스** 테오도로스님, 만약 그대가 라케다이몬[44]에 있는 레슬링장을 방문한다면, 옷을 벗고 연습하는 남들(그중 일부는 체격이 볼품없어요)은 구경하면서도 그대 자신은 옷을 벗고 몸매를 보여주지 않는 것이 옳다고 생각하시는지요?

테오도로스 왜 옳지 않지요? 만약 내가 그럴 수 있도록 그들을 설득할 수 있다면 말입니다. 마찬가지로 나는 지금이라도 그대를 설득할 것으로 기대한답니다. 이제 늙어서 뻣뻣해진 나를 경기장으로 끌어들이지 말고 구경만 하게 해주고, 더 젊고 더 유연한 상대와 겨루라고 말이에요.

소크라테스 테오도로스님, 속담처럼 "그러는 것이 그대에게 좋다면 내게도 싫지 않아요." 그렇다면 나는 지혜로운 테아이테토 c
스에게 되돌아가야겠군요. 테아이테토스, 먼저 자네는 우리가 방금 논의한 것에 관해 말해주게. 자네가 지적으로 인간이든 신이든 어느 누구 못지않다는 것이 갑자기 밝혀진다면 놀라지 않겠는가? 아니면 자네는 프로타고라스의 척도 이론이 인간보다는 신들에게 덜 적용되리라고 생각하는가?

테아이테토스 제우스에 맹세코, 그렇게 생각하지 않습니다. 그리고 저는 선생님께서 그런 질문을 하셔서 깜짝 놀랐습니다. 각자에게 나타나는 것이 각자에게는 실제로 존재하는 것이라는 이론의 의미를 우리가 논의했을 때는 그것이 훌륭한 이론이라고 여겨졌지만, 지금은 정반대로 바뀌었으니까요. d

소크라테스 여보게 젊은이, 그건 자네가 젊기 때문일세. 그래서

44 Lakedaimon. 스파르테와 그 주변 지역을 말하며 대개는 스파르테와 동의어로 쓰인다.

자네는 대중에 영합하는 말을 들으면 쉬 휘둘리는 거라네. 프로타고라스나 그의 대변인들은 내 말에 이렇게 대답할 걸세. "고상한 소년들과 노인들이여, 여러분은 모여 앉아 탁상공론을 하
e 고 있소. 나는 신들이 존재하느냐 존재하지 않느냐 하는 문제를 말로도 글로도 다룬 적이 없는데도, 여러분은 신들을 끌어들이면서 말이오. 또한 여러분은 어떤 인간도 지적으로 어떤 가축보다 나을 바 없다는 것은 끔찍한 일이라는 둥 대중에 영합하는 말만 하고 있소. 그러나 여러분 말에는 어떤 필연성과 증거도 없으며, 여러분은 개연성에 의지하고 있소. 만약 테오도로스나 다른 기하학자가 개연성에 의지해서 기하학을 한다면 아무런 가치도 없을 것이오. 그러니 그대와 테오도로스는 이런 중대한 문제에
163a 서 설득력 있고 개연성 있는 논의만 받아들일 것인지 검토하는 게 좋을 거요."

테아이테토스 소크라테스 선생님, 선생님도 우리도 그러는 것은 옳지 않다고 말할 것입니다.

소크라테스 그렇다면 자네 말도 테오도로스님의 말도 우리는 다른 방법으로 검토해야 한다는 뜻이겠구먼.

테아이테토스 네, 전혀 다른 방법으로 검토해야 합니다.

소크라테스 그러면 이 문제는 다음과 같이 검토할 수 있을 걸세. 지식과 지각이 같은 것이냐 아니면 다른 것이냐 하는 문제 말일세. 우리 논의 전체가 이 문제를 겨냥했고, 이 문제를 위해서 이

수많은 이상한 이론을 들춰낸 것이니까. 그렇지 않은가?

테아이테토스 전적으로 동의합니다.

소크라테스 우리는 봄으로써 또는 들음으로써 지각하는 것은 무엇이든 지각하는 동시에 안다고 말할 텐가? 이를테면 우리는 이민족들[45]의 말을 배우기 전에는 그들이 말해도 우리는 듣지 못한다고 말할 텐가, 아니면 우리는 그들이 말하는 것을 듣기도 하고 알기도 한다고 말할 텐가? 또한 만약 우리가 문자를 모른다면 우리는 문자를 봐도 보지 못한다고 주장할 텐가, 아니면 우리가 문자를 본다면 안다고 주장할 텐가? b

테아이테토스 소크라테스 선생님, 우리는 그중에서 보거나 듣는 것만큼 안다고 말할 것입니다. 말하자면 문자의 경우 우리는 형태와 색깔은 보기도 하고 알기도 하며, 말의 경우 음의 높낮이를 듣는 동시에 알기도 합니다. 그러나 우리는 글쓰기 선생이나 통역관이 그것들에 관해 가르치는 것은 봄이나 들음으로써 지각하지도 못하고, 알지도 못합니다. c

소크라테스 아주 훌륭해, 테아이테토스. 나는 거기에 이의를 제기하지 않겠네. 자네의 성장을 방해하고 싶지 않으니까. 하지만 저기 다른 골칫거리가 다가오네. 자네는 우리가 그것을 어떻게 물리칠 수 있을지 살펴보게.

45 barbaroi. 그리스인이 아닌 사람들.

테아이테토스 그게 뭐죠?

d **소크라테스** 말하겠네. 누가 우리에게 이렇게 묻는다고 가정해보게. "누가 어떤 것을 알고 나서 그것에 대한 기억을 간직하고 있는데, 그가 기억하고 있을 때 그가 기억하는 바로 그것을 알지 못한다는 것이 가능할까요?" 너무 장황하게 물었나 보군. 내가 묻고 싶은 것은, 어떤 것을 알게 된 사람이 그것을 기억하는데도 그것을 알지 못할 수 있느냐는 것일세.

테아이테토스 그게 어떻게 가능하겠습니까, 소크라테스 선생님? 그건 괴상한 가정입니다.

소크라테스 그렇다면 내가 허튼소리를 하는 건가? 그러나 생각해보게. 자네는 보는 것은 지각하는 것이고, 봄은 지각이라고 말하지 않는가?

테아이테토스 네, 저는 그렇게 말합니다.

e **소크라테스** 그러면 뭔가를 본 사람은 자기가 본 것에 대해 지식을 습득하게 됐겠지? 우리가 방금 말한 바에 따르면 말일세.

테아이테토스 네.

소크라테스 어떤가? 자네는 기억 같은 것이 있다고 말하지 않는가?

테아이테토스 네, 있다고 말합니다.

소크라테스 그건 아무것도 아닌 것에 대한 기억인가, 아니면 어떤 것에 대한 기억인가?

테아이테토스 분명 어떤 것에 대한 기억입니다.

소크라테스 배웠거나 지각했던 그런 종류의 것들에 대한 기억이겠지?

테아이테토스 물론입니다.

소크라테스 전에 본 것이 가끔 기억나는 것이겠지?

테아이테토스 그렇습니다.

소크라테스 눈을 감아도 기억나는가? 아니면 눈을 감으면 잊어버리는가?

테아이테토스 그렇게 말한다면 언어도단입니다, 소크라테스 선생님.

소크라테스 그러나 우리가 앞서 말한 것을 지키려면 그렇게 말해 164a
야 하네. 그러지 않으면 그것은 이제 끝장일세.

테아이테토스 아닌 게 아니라 저도 어렴풋이 그런 생각이 들지만, 왜 그런지는 잘 모르겠습니다. 왜 그런지 선생님께서 말씀해주십시오.

소크라테스 설명해보겠네. 우리가 무엇인가를 보는 사람은 자기가 보는 것을 안다고 주장하는 것은 봄 또는 지각이 지식과 같은 것이라는 데 의견이 일치했기 때문일세.

테아이테토스 물론입니다.

소크라테스 그렇다면 무엇인가를 보고 자기가 본 것에 대해 지식을 습득한 사람이 눈을 감는다고 가정해보게. 그러면 그는 그것을 기억은 하지만 보고 있지는 않네. 그렇지 않은가?

테아이테토스 네, 그렇습니다.

b **소크라테스** 그러나 만약 '그는 본다'가 '그는 안다'와 같은 뜻이라면, '그는 보지 못한다'는 '그는 알지 못한다'와 같은 뜻일세.

테아이테토스 맞습니다.

소크라테스 그렇다면 어떤 것을 알게 되어 아직도 그것을 기억하는 사람이 그것을 보지 못하기 때문에 그것을 알지 못한다는 결론이 나는데, 그거야말로 우리가 말했듯이 '괴상한'[46] 결론이 될 걸세.

테아이테토스 참으로 맞는 말씀입니다.

소크라테스 따라서 만약 누가 지식과 지각은 같은 것이라고 말한다면 아마도 불가능한 어떤 결론에 도달할 걸세.

테아이테토스 그럴 것 같습니다.

소크라테스 그렇다면 우리는 그 둘은 별개라고 말해야 하네.

테아이테토스 아마도 그래야겠지요.

c **소크라테스** 그러면 지식이란 무엇일 수 있을까? 우리는 처음부터 다시 출발해야 할 것 같네. 한데 테아이테토스, 우리는 도대체 무슨 짓을 하려는 것인가?

테아이테토스 무슨 말씀이신지요?

소크라테스 우리는 질 나쁜 싸움닭처럼 승리를 거두기도 전에 논의의 장(場)에서 뛰쳐나가 이겼다고 울어대는 것 같다는 말일세.

테아이테토스 어째서 그렇습니까?

소크라테스 우리는 직업적 논박꾼처럼 행동하는 것 같네. 어휘를 일관성 있게 사용하기로 합의했을 뿐인데, 그럼으로써 우리가 벌써 더 나은 이론을 제시한 것처럼 우쭐댄다는 말일세. 말하자면 우리 목표는 지혜이지 다투는 것이 아니라고 주장하면서 우 d
리는 저도 모르게 저 재간 있는 사람들[47]처럼 행동하고 있다네.

테아이테토스 선생님께서 무슨 말씀을 하시는지 아직도 이해하지 못하겠습니다.

소크라테스 그러면 내 생각을 설명해보겠네. 우리 질문은 무엇인가를 배워서 기억하는 사람이 그것을 알지 못할 수 있느냐는 것이었네. 우리는 먼저 무엇인가를 보고 나서 눈을 감은 사람은 보지 않아도 기억한다는 것을 보여주고, 이어서 그는 그것을 기억하면서도 알지 못한다는 결론을 내렸네. 하지만 우리는 그것은 불가능하다고 말했네. 그리하여 프로타고라스의 이야기는 무효가 되었고, 그 점에서는 지식과 지각이 같은 것이라는 자네 이야기도 마찬가지일세.

테아이테토스 그런 것 같습니다. e

소크라테스 여보게, 첫 번째 이야기의 아버지가 살아 있다면 아

46 163d 참조.

47 소피스트들.

마 그런 일이 일어나지 않았을 걸세. 그는 그것을 옹호하기 위해 많은 수단을 강구했을 테니까. 지금 우리는 아버지를 여의고 고아가 된 그것을 진창에 내던지고 있네. 프로타고라스가 남겨둔 후견인들—여기 계신 테오도로스님도 그중 한 명일세—조차도 그것을 도우려 하지 않기 때문이지. 그러니 자네와 내가 정의의 이름으로 그 아이를 도와줘야 할 것 같네.

테오도로스 그러시지요, 소크라테스님. 프로타고라스님의 자식
165a 들의 후견인은 내가 아니라 힙포니코스의 아들 칼리아스[48]이니
까요. 나는 어쩌다가 일찌감치 추상적인 사변에서 기하학으로
방향을 바꾸었답니다. 그렇지만 나는 그대가 그 아이를 도와주
신다면 고마워하겠습니다.

소크라테스 좋은 말씀이오, 테오도로스님. 그러면 내가 어떻게 돕는지 눈여겨 살피시지요. 우리가 긍정하거나 부정할 때 통상적으로 사용하는 표현에 주의를 기울이지 않는 사람은 방금 우리가 빠졌던 것보다 더 고약한 자기모순에 빠질 수도 있으니까요. 왜 그런지 그대에게 말할까요, 아니면 테아이테토스에게 말할까요?

테오도로스 말씀은 우리 둘 모두에게 하시고, 대답은 더 젊은 사
b 람이 하게 하시지요. 더 젊은 사람은 실수하더라도 덜 창피할 테
니까요.

소크라테스 좋아요. 이제 나는 가장 어려운 질문을 하겠습니다.

그것은 이런 거라 생각해요. “같은 사람이 무엇인가를 알기도 하고 자기가 아는 것을 알지 못할 수도 있는가?”

테오도로스 테아이테토스, 우리는 뭐라고 대답할까?

테아이테토스 저는 그것은 불가능하다고 생각합니다.

소크라테스 불가능하지 않지. 자네가 보는 것이 아는 것이라고 주장한다면 말일세. 어떤 사람이 끝까지 물고 늘어지며 자네를 이를테면 함정에 빠뜨려놓고는 손으로 자네의 한쪽 눈을 가리면서 자네가 가려진 눈으로 그의 외투를 볼 수 있느냐고 묻는다 c
고 가정해보게. 자네는 피할 수 없는 이 질문에 어떻게 대답할 텐가?

테아이테토스 저는 한쪽 눈으로는 보지 못하지만 다른 쪽 눈으로는 볼 수 있다고 말할 겁니다.

소크라테스 그러면 자네는 같은 사물을 동시에 보기도 하고 못 보기도 하는 것이겠지?

테아이테토스 어떤 의미에서는 그렇습니다.

소크라테스 “내가 그대에게 묻는 것은” 하고 그는 말할 걸세. “그런 것이 아니오. 내가 알고 싶은 것은 그대가 같은 것을 알면서

48 힙포니코스(Hipponikos)의 아들 칼리아스(Kallias)는 아테나이의 부호로 소피스트들을 후원했는데, 프로타고라스도 아테나이를 방문했을 때 그의 집에서 기거했다.

도 알지 못할 수 있는지 하는 것이오. 지금 그대는 보지 못하는 것을 보고 있음이 분명하오. 하지만 그대는 보는 것은 아는 것이고 보지 못하는 것은 알지 못하는 것이라는 데 동의했소. 이런 전제들에서 그대가 결론을 내리시오."

d **테아이테토스** 결론은 제가 전제한 것들과 상반됩니다.

소크라테스 그러나 그게 자네가 겪을 시련의 전부가 아닐 걸세. 여보게, 같은 종류의 질문들이 잇따를 테니까. 지식은 또렷할 수도 있고 모호할 수도 있는가? 가까이 있는 것은 알 수 있지만 멀리 있는 것은 알 수 없는가? 같은 것을 강하게도 알고 약하게도 알 수 있는가? 기타 등등의 질문 말일세. 보수를 받고 싸우는 토론에 능한 용병이 매복해 있다가 자네가 지식과 지각은 같은 것이라고 주장하자마자 자네에게 퍼부을 질문은 부지기수일세.
e 그는 청각, 후각 등의 지각에 관해 공격을 퍼부으면서, 자네가 그의 유명한 지혜에 현혹되어 꽁꽁 묶일 때까지 자네를 논박하기를 그치지 않을 걸세. 그러다가 자네가 일단 꼼짝없이 그의 포로가 되고 나면 그제야 쌍방이 합의한 몸값을 받고 자네를 풀어줄 걸세. 자네는 아마 프로타고라스가 이런 공세를 어떻게 막아낼지 알고 싶겠지? 우리가 그걸 말해볼까?

테아이테토스 그러도록 해요.

소크라테스 프로타고라스는 우리가 그를 옹호하기 위해 말한 이
166a 모든 것을 말할 것이며, 아마도 우리와 근접전을 벌이며 경멸

조로 이렇게 말할 걸세. "이 사람 훌륭한 소크라테스는 어린아
이에게 같은 사람이 같은 것을 기억하면서도 알지 못할 수 있느
냐는 질문으로 겁주고는 겁먹은 어린아이가 그것이 어떤 결과
를 초래할지 내다볼 수 없어 '아니요'라고 대답하자 논의 속에
서 나를 웃음거리로 만들었소. 그러나 안이한 소크라테스여, 사
실은 다음과 같소. 그대가 질문하는 방법으로 내 이론을 검토할
때, 만약 질문받은 사람이 내가 함 직한 대답을 하다가 실수를
저지른다면 내가 논박당하는 것이지만, 만약 그가 전혀 다른 대 b
답을 한다면 질문받은 사람이 논박당하는 것이라오.

예를 들어 설명하자면, 그대는 어떤 사람이 과거에 경험했
지만 더는 경험하고 있지 않는 것에 대한 현재의 기억이 그때의
경험과 같은 성질의 것이라고 인정하리라 생각하시오? 그런 일
은 절대 없을 거요. 아니면 그대는 같은 사람이 같은 것을 알 수
도 있고 알지 못할 수도 있다는 것을 인정하기를 망설일 사람이
있을 거라 생각하시오? 아니면 이와 관련해서는 다소 망설인다
해도 그는 변한 사람은 변하기 전과 같은 사람이라는 것은 인정
할까요? 그러나 여기서 문제가 되는 것은 여러 사람—그런 변 c
화가 이어지는 한 무수히 많은 사람이 태어날 테니까—이 아
니라 한 사람이라는 것을 어느 누구도 인정하지 않을 거요. 우리
가 어휘 표현 때문에 서로에게 말꼬리를 잡히지 않도록 조심해
야 하기에 하는 말이오."

프로타고라스는 이렇게 말을 이을 걸세. “여보시오, 좀 더 신사답게 행동하시오. 내가 실제로 말하는 것을 공박하고, 그대가 할 수 있다면 지각은 우리 각자에게 개인적 경험으로 생기는 것이 아니라는 점을 증명하거나, 지각이 개인적인 것이라 해도 각자에게 나타나는 것은 그것이 나타나는 사람에게만 생성되거나 존재한다는(우리가 ‘존재한다’는 표현을 사용해야 한다면) 결론이 나는 것은 아니라는 점을 증명해보시오.

그대는 돼지와 개코원숭이를 거론하면서 그대 자신도 돼지처럼 행동하고 그대의 청중도 내 저술들을 그렇게 대하도록 설
d 득하고 있는데, 그건 옳지 못하오. 단언컨대 진리는 내가 저술한 그대로요. 우리 각자가 존재하는 사물과 존재하지 않는 사물의 척도라는 말이오. 그러나 한 사람에게는 어떤 것들이 나타나고 존재하고 다른 사람에게는 다른 것들이 나타나고 존재한다는 점에서 이 사람과 저 사람 사이에는 엄청난 차이가 있소. 또한 지혜와 지혜로운 사람이 존재한다는 것도 부인할 생각이 전혀 없소. 오히려 나는 우리 중 어떤 사람에게 나쁜 것들이 나타나거나 존재할 때 그것들을 변화시켜 그에게 좋은 것들이 나타나거나 존재하게 만드는 사람이야말로 지혜로운 사람이라고 주장하오.

e 이번에도 내가 하는 말의 자구(字句)만 좇지 말고 내가 하려는 말의 의미를 더 명확히 이해하도록 하시오. 앞서 우리가 말한

것을 상기해보시오. 우리는 그때 아픈 사람에게는 그가 먹는 것이 쓴 것으로 나타나거나 쓰겠지만, 건강한 사람에게는 쓴 것과 반대되는 것으로 나타나거나 반대라고 했소. 우리는 이 두 사람 가운데 어느 쪽이 다른 쪽보다 더 지혜롭다고 생각해서는 안 되오. 그렇게 생각할 수 없기 때문이오. 다시 말해 우리는 아픈 사 167a
람이 그렇게 판단한다고 해서 무식한 사람으로 분류해선 안 되고, 건강한 사람이 다르게 판단한다고 해서 지혜로운 사람으로 분류해도 안 되오. 우리가 추구하는 것은 한 상태에서 다른 상태로 변하는 것이오. 다른 상태가 더 낫기 때문이오.

교육의 경우에도 우리가 추구하는 것은 둘 중 한 상태에서 더 나은 상태로 변하는 것이오. 유일한 차이점은, 의사는 변화를 주기 위해 약을 사용하고 소피스트는 말을 사용한다는 것이오. 그러나 거짓된 판단을 하는 사람이 참된 판단을 하도록 만든 사람은 아무도 없소. 존재하지 않는 것들을 생각하거나 자기가 느끼는 것들과 다른 것들을 생각한다는 것은 불가능하기 때문이오. 자기가 느끼는 것들이 언제나 참이니까. 그렇지만 나는 혼 b
의 타락한 상태 때문에 그런 상태와 동족 관계에 있는 것들을 생각하는 사람은 혼의 건전한 상태에 의해 건전한 다른 생각을 하게 할 수 있다고 생각하오. 어떤 사람들은 무지한 탓에 이런 다른 나타남을 진리라고 일컫지만, 나는 그것이 다른 나타남보다는 더 낫지만 결코 더 참된 것은 아니라고 주장하오.

친애하는 소크라테스, 나는 또한 지혜로운 사람들을 개구리라고 부를 생각은 추호도 없소. 나는 그들을 몸이 관련될 때는 의사라고 부르고, 식물이 관련될 때는 농부라고 부르오. 단언컨
c 대 농부도 식물이 병들었을 때 건전하지 못한 지각들을 건전하고 건강하고 참된 지각들로 대치할 수 있기 때문이오. 나는 또한 지혜롭고 훌륭한 정치가[49]들도 자신들의 국가에서 정의가 무엇인가에 대한 불건전한 견해를 건전한 견해로 바꾸어놓을 수 있다고 주장하오. 어떤 국가에서 올바르고 훌륭하다고 여겨지는 것이면 무엇이든 그런 믿음이 존속하는 한 그 국가에서는 올바르고 훌륭한 것이지만, 지혜로운 사람은 건전한 견해가 존재하고 나타나게 만듦으로써 불건전한 견해를 건전한 견해로 바꾸
d 어놓을 수 있기 때문이오. 같은 논리에 따라 제자들을 이런 방법으로 교육할 수 있는 소피스트 역시 지혜로우며 교육과정을 마친 제자들에게서 고액의 보수를 받을 자격이 있는 것이라오.

그런 의미에서 어떤 사람들은 다른 사람들보다 더 지혜로우며, 어느 누구도 거짓된 생각을 하지 않소. 그러니 그대는 원하든 원치 않든 그대가 하나의 척도라는 것을 받아들여야 하오. 내 이론은 그런 근거들 위에 튼튼하게 서 있기 때문이오. 만약 그대가 내 이론을 처음부터 반박할 수 있다면 그에 상반된 이론을 제시하면서 반박하고, 질문하기를 선호한다면 질문하시오. 지성인이라면 그런 방법을 피할 이유가 없고, 오히려 다른 방법

들보다 선호해야 하니까요. 다만 한 가지 부탁이 있다면 불공정
하게 질문하지는 말아달라는 것이오. 미덕[50]을 돌본다고 공언하 e
는 사람이 토론에서 시종일관 불공정하다는 것은 심한 자기모
순이니까요. 여기서 불공정함이란 논쟁적 토론과 문답식 토론
을 구별하지 않는 것이오. 논쟁적 토론을 하는 사람은 진지할 필
요가 없으며 되도록 많은 책략과 계교를 부리지만, 문답식 토론
을 하는 사람은 진지하며 대담자 자신과 그의 이전 교제들에 책
임이 있는 실수만 지적하며 대담자를 일으켜 세워준다오. 그대 168a
가 그런다면 그대와 토론하는 사람들은 자신이 혼란에 빠지고
난관에 놓인 책임을 자신에게 돌리고 그대에게 돌리지 않을 것
이오. 또한 그들은 그대를 쫓아다니며 좋아할 것이고, 자신이
싫어져 자신을 피해서 철학으로 피신할 것이오. 다른 사람이 됨
으로써 이전의 자신에게서 벗어나려고 말이오. 그러나 대부분
의 교사가 그러하듯, 그대가 그와 반대로 행동하면 그와 반대되
는 결과를 낳을 것이며, 그대와 함께하는 사람들을 철학자로 만
드는 대신 그들이 더 늙었을 때 철학을 싫어하는 사람이 되게 만
들 것이오. b

그래서 나는 내가 앞서 말한 대로 하라고 그대에게 권하고

49 rhetor. 연설가.

50 arete.

싶소. 그러면 그대는 악의와 적의를 버리고 우호적인 마음가짐
으로 같이 앉아서, 모든 것은 변화하며 개인과 국가에게 저마다
나타나는 것은 그 개인이나 국가에게는 존재한다는 우리 주장이
무엇을 뜻하는지 제대로 검토하게 될 것이오. 그러면 그대는 지
식과 지각이 같은 것인지 다른 것인지 고찰하겠지만, 그대의 조
금 전 접근 방식은 단지 어휘와 표현의 습관적 사용에 근거하고
c 있소. 또한 그런 것들은 임의로 조작될 수 있기에 대부분의 사
람은 그것들을 이용해 온갖 방법으로 상대방을 곤경에 빠뜨리
지요."

테오도로스님, 이것이 그대의 친구를 돕기 위해 내가 기여한 것이며, 나로서는 미력하나마 최선을 다했습니다. 하지만 그가 살아 있었다면 더 거창하게 자기 자식을 도와주었겠지요.

테오도로스 농담하시는 거로군요, 소크라테스님. 그대는 젊은이처럼 용감하게 그분을 도와주셨어요.

소크라테스 고맙소, 테오도로스님. 말씀해주시지요. 그대는 방
금 프로타고라스가 우리더러 어린아이를 대화에 끌어들여 자신
의 이론을 반박하는 데 어린아이의 두려움을 이용한다고 나무
라면서, 우리의 방법은 얕은꾀에 불과하지만 자신의 '만물 척도
d 론'은 중차대하니 자신의 이론을 진지하게 대하라고 촉구하고
있음을 알아차리지 못했나요?

테오도로스 왜 알아차리지 못했겠어요, 소크라테스님?

소크라테스 어때요, 우리는 그가 말한 대로 할까요?

테오도로스 당연히 그래야지요.

소크라테스 그대도 보시다시피 이 자리에 있는 사람들은 그대 말고는 모두 어린아이들이오. 그러니 그가 말한 대로 하려면 그대와 내가 그의 이론을 진지하게 대하며 질문과 대답을 주고받아야 할 거요. 우리가 그의 이론을 어린아이들을 위한 오락거리로 다룬다고 비난받지 않으려면 말이오. e

테오도로스 어떻습니까? 이론을 추적하며 뒤쫓는 데는 수염이 긴 어른 여럿보다 테아이테토스 한 명이 더 낫지 않을까요?

소크라테스 하지만 그대보다 더 낫지는 않아요, 테오도로스님. 나는 고인(故人)이 된 그대의 친구를 갖은 방법으로 도와야 하지만, 그대는 아무것도 안 해도 된다고 생각하지 마세요. 그러니 자, 테오도로스님, 얼마쯤은 나와 함께 갑시다. 기하학적 도형에 관해서는 그대가 척도가 되어야 하는지, 아니면 천문학과 그 169a
대가 탁월하다고 정평이 난 다른 분야에서도 모든 사람이 그대와 마찬가지로 자족(自足)하는지 우리가 알 때까지 말입니다.

테오도로스 소크라테스님, 그대 옆에 앉아 토론에 끌려들어가지 않는 건 쉬운 일이 아니군요. 나는 방금 그대가 나를 가만히 내버려두고 라케다이몬인들처럼 옷을 벗도록[51] 강요하지 않으리

51 고대 그리스인들은 경기할 때 옷을 벗었다.

라고 말했는데 그건 착각이었군요. 이제 보니 그대는 스키론에
b 더 가까운 것 같습니다. 아니, 그대의 행동은 안타이오스[52] 쪽을 더 닮았네요. 라케다이몬인들은 사람들에게 떠나거나 옷을 벗으라고 말하지만, 그대는 가까이 다가오는 사람이면 누구나 억지로 옷을 벗고 토론에서 그대와 레슬링할 때까지 놓아주지 않으니까요.

소크라테스 테오도로스님, 그대는 내 병(病)을 더없이 훌륭하게 비유해주셨어요. 그렇지만 나는 스키론이나 안타이오스보다 더 강인한 전사랍니다. 지난날 나는 토론에 강한 헤라클레스와 테
c 세우스를 수없이 만나 난타당했지만 그래도 포기하기 않았지요. 이런 종류의 단련을 향한 그만큼 강한 열정이 나를 사로잡았기 때문이에요. 그러니 그대는 거절하지 말고 나와 한판 승부를 벌이도록 합시다. 그게 우리 두 사람 모두를 위해 좋을 거예요.

테오도로스 더는 거절하지 않겠으니 그대 좋을 대로 인도하세요. 그대가 나를 위해 아무리 힘겨운 토론의 실을 잣더라도 나는 응해야겠지요. 하지만 나는 그대가 설정한 한계 이상으로 그대에게 호의를 보일 순 없습니다.

소크라테스 그 정도면 충분해요. 그러나 우리는 무심결에 어린아
d 이 수준에서 토론을 진행하여 또다시 그런 비난을 받는 일이 없도록 각별히 조심해야 합니다.

테오도로스 힘닿는 데까지 노력해보지요.

소크라테스 그러면 먼저 아까 제기됐던 문제를 다루면서 지혜와 관련하여 각자를 자족적 존재로 만들었다는 이유에서 우리가 그 이론을 탐탁잖게 여기고 비판한 것이 옳은지 아니면 그른지 살펴보도록 합시다. 프로타고라스는 무엇이 더 낫고 무엇이 더 못한가 하는 문제와 관련하여 남보다 탁월한 사람이 있다는 것을 인정하며, 그런 사람을 지혜로운 사람이라고 말했지요. 그러지 않았나요?

테오도로스 네, 그랬지요.

소크라테스 만약 우리가 프로타고라스를 돕겠다고 그를 위해 대 e
답하는 대신 그가 이 자리에 참석하여 몸소 대답했다면 우리가 이 문제를 다시 다루면서 확실하게 해둘 필요가 전혀 없겠지요. 그러나 우리가 그를 대신해 말할 자격이 없다고 나무랄 사람이 없지 않을 테니, 이 점에 대해 분명히 합의해두는 것이 바람직할 것입니다. 그가 인정한 것이 옳은가 그른가 하는 것은 중차대

52 스키론(Skiron)은 지나가는 나그네의 옷을 벗기고 자기 발을 씻게 하다가 절벽 아래로 차서 바닷물에 빠져 죽게 한 불한당이다. 그러나 그는 아테나이의 영웅 테세우스(Theseus)에게 같은 장소에서 같은 방법으로 살해당한다. 안타이오스(Antaios)는 거한(巨漢)인 기가스(Gigas)들 가운데 한 명으로, 레슬링을 하자고 강요하여 나그네들을 죽인 뒤 그 해골로 집을 지었다. 그가 어머니인 가이아(Gaia '대지')에 닿아 있는 동안에는 아무도 그를 이길 수 없었지만, 헤라클레스(Herakles)가 그를 땅에서 들어올려 공중에서 으스러뜨려 죽였다.

한 문제이니까요.

테오도로스 맞는 말씀입니다.

소크라테스 그렇다면 제삼자를 통하지 않고 그 자신의 발언을 통
170a 해 최대한 간결하게 합의하기로 합시다.

테오도로스 어떻게요?

소크라테스 이렇게요. "각자에게 그렇다고 여겨지는 것은 그렇다고 여기는 사람에게는 여기는 그대로 존재한다." 이것이 그의 주장 아닌가요?

테오도로스 그게 그분 말씀이지요.

소크라테스 프로타고라스님, 우리 역시 인간, 아니 모든 인간의 판단에 관해 말하고 있어요. 누구나 다 어떤 점에서는 자신이 남보다 더 지혜롭다고 여기되, 또 어떤 점에서는 남이 자신보다 더 지혜롭다고 여긴다고 우리가 말할 때 말입니다. 이를테면 싸움터에 나가거나 병에 걸리거나 바다에서 폭풍을 만나 생명이 경각에 달렸을 때 사람들은 그때그때 자신의 지도자들을 신들
b 로 여기며 그들이 구원자가 되어줄 것이라고 기대하지요. 그들이 자신보다 더 탁월한 점은 지식뿐인데도 말입니다. 그리고 인간 세상은 한편으로는 자신이나 다른 동물들이나 자신의 활동을 위해 교사와 지도자를 찾는 사람들로, 다른 한편으로는 자신은 가르칠 능력이 있고 지배할 능력이 있다고 생각하는 사람들로 가득차 있어요. 이 모든 경우 우리는 사람들이 세상에는 지

혜와 무지가 존재한다고 믿는다는 말 외에 무슨 말을 할 수 있을까요?

테오도로스 달리 할 말이 없겠지요.

소크라테스 그리고 그들은 지혜는 참된 생각이고 무지는 거짓된 판단이라고 여기겠지요?

테오도로스 물론이지요. c

소크라테스 그렇다면 프로타고라스님, 우리는 그대의 이론을 어떻게 대해야 하나요? 우리는 사람들의 판단이 언제나 참이라고 말할까요, 아니면 어떤 때는 참이고 어떤 때는 거짓이라고 말할까요? 둘 중 어느 쪽을 선택하든 그 결과는 사람들의 판단은 언제나 참이 아니라 참이기도 하고 거짓이기도 하다는 거예요. 말씀해보시지요, 테오도로스님. 프로타고라스의 다른 제자든 그대 자신이든 남들은 무지해서 거짓된 판단을 한다고 생각할 사람은 아무도 없다고 주장할 자신이 있나요?

테오도로스 그건 있을 법하지 않은 일입니다, 소크라테스님.

소크라테스 하지만 인간이 만물의 척도라는 이론은 어쩔 수 없이 d
그런 궁지로 몰립니다.

테오도로스 어째서 그렇지요?

소크라테스 그대가 어떤 것에 대해 혼자 판단하고 그대의 의견을 내게 말할 때, 프로타고라스의 이론에 따르면 그 의견은 그대에게는 참이에요. 그렇다고 칩시다. 그렇다고 해서 다른 사람들은 그대의 판단을 판단해서는 안 되나요? 아니면 우리는 언제나 그대 의견이 참이라고 판단할까요? 그때마다 무수히 많은 사람이 그대의 판단과 의견이 참이 아니라고 여기고 그대 의견에 상반된 의견을 제시할 수 있지 않을까요?

e **테오도로스** 소크라테스님, 아닌 게 아니라 그런 사람들이 호메로스의 말처럼[53] '수없이 많이' 있는데, 그들은 내게 세상의 온갖 괴로움을 안겨주지요.

소크라테스 어때요? 그럴 경우 우리는 그대의 의견이 그대에게는 참이지만 '수없이 많은' 사람에게는 거짓이라고 말해야 하지 않을까요?

테오도로스 적어도 이론상으로는 그래야 할 것 같습니다.

소크라테스 이 모든 것이 프로타고라스 자신에게는 어떤 결과를 가져다줄까요? 만약 인간이 척도라고 그 자신도 믿지 않고 대중도 실제로 그러하듯 믿지 않는다면, 그가 쓴 『진리』라는 저술은
171a 필시 어느 누구에게도 진리가 아닐 겁니다. 그렇지 않을까요? 그러나 만약 그 자신은 그렇다고 믿어도 대중이 그에 동의하지 않는다면, 그대도 아시다시피 우선 그의 생각은 그렇다고 믿는 사람보다 그렇지 않다고 믿는 사람이 더 많은 그만큼 진리라기보다는 진리가 아닐 거예요.

테오도로스 참이냐 아니냐가 개개인의 의견에 달려 있다면 그야 당연한 일이지요.

소크라테스 그 밖에도 그것은 이런 아주 묘한 결론을 함축하고 있어요. 말하자면 프로타고라스는 모든 사람의 의견은 참이라고 말함으로써 자기 의견에 동조하지 않고 자기 의견을 거짓이라고 생각하는 사람들의 의견이 참이라는 것을 인정한다는 거예요.

테오도로스 물론입니다.

소크라테스 그런데 만약 그가 자기 생각을 거짓이라고 믿는 사람들의 의견이 참이라는 것을 인정한다면, 자기 의견이 거짓이라는 것을 인정하지 않을까요? b

테오도로스 당연히 인정하겠지요.

소크라테스 그러나 다른 사람들은 자기들 생각이 거짓이라는 것을 인정하지 않겠지요?

테오도로스 네, 인정하지 않아요.

소크라테스 프로타고라스의 저술에 따르면 그 역시 그들의 이런 의견도 참이라는 것을 인정하고 있어요.

테오도로스 그런 것 같네요.

소크라테스 그렇다면 프로타고라스 자신을 비롯하여 모든 사람이 그의 이론에 이의를 제기할 겁니다. 아니, 프로타고라스 자신도 자기 이론이 거짓이라는 데 동의할 거예요. 그가 자신과 상

53 『오뒷세이아』 16권 121행, 17권 422행, 19권 78행.

c 반된 말을 하는 사람의 의견이 참이라고 일단 인정하고 나면, 개도 잡스런 무리도 그가 알지 못하는 것의 척도가 아니라는 것을 스스로 인정하게 될 테니까요. 그렇지 않은가요?

테오도로스 그렇습니다.

소크라테스 그렇다면 프로타고라스의 『진리』는 모두가 이의를 제기하므로 그 자신을 포함해 어느 누구에게도 참이 아닐 겁니다.

테오도로스 우리가 내 친구를 너무 심하게 몰아붙이고 있어요, 소크라테스님.

소크라테스 그렇지만 테오도로스님, 우리가 참에서 벗어나 있는지는 확실치 않아요. 물론 그는 손윗사람이니까 우리보다 더 지혜로울 수 있겠지요. 그래서 만약 그가 땅 위로 머리를 불쑥 내
d 민다면 십중팔구 나는 허튼소리를 하고 있고 그대는 맞장구를 치고 있다고 우리 두 사람을 반박한 다음 순식간에 땅 밑으로 사라져버리겠지요. 그러나 내 생각에 우리는 우리 자신의 능력을 있는 그대로 최대한 활용하며 언제나 우리가 참이라고 생각하는 것을 말해야 합니다. 그래서 하는 말인데, 우리는 어떤 사람은 남보다 더 지혜롭고 어떤 사람은 남보다 더 무지하다는 것은 누구나 다 인정할 거라고 해야 하지 않을까요?

테오도로스 아무튼 나는 그래야 한다고 생각해요.

소크라테스 또한 우리는 프로타고라스의 이론은 우리가 그를 돕

기 위해 밑그림을 그린 논거 위에서라야 가장 튼튼하게 선다고 e
말해야 하지 않을까요? 그 논거란 뜨거운 것, 마른 것, 단것 등등 많은 것이 각자에게 그렇다고 여겨지는 그대로라는 것이었어요. 그러나 만약 그가 한 사람이 다른 사람보다 더 우월하다는 것을 인정한다면 그것은 건강과 질병에 관해서라고 말하겠지요. 그 이유는 아무 여자, 아무 아이, 아무 동물이나 스스로 자신을 치료할 수 있을 만큼 자신의 건강에 무엇이 좋은지 알지 못하며, 그런 분야가 있다면 이 분야에서야말로 한 사람이 다른 사람보다 우월하기 때문이라고 하겠지요.

테오도로스 나는 그렇다고 생각해요.

소크라테스 마찬가지로 국가에서도 아름다운 것과 추한 것, 정 172a
의로운 것과 불의한 것, 경건한 것과 불경한 것은 각 국가에는 사실상 그 국가가 그렇다고 생각하고 자신을 위해 법으로 정하는 대로이며, 이런 문제에서는 어떤 개인도 다른 개인보다 더 지혜롭지 않으며 어떤 국가도 다른 국가보다 더 지혜롭지 않다고 말할 겁니다. 그러나 무엇이 국가에 유익하고 무엇이 유익하지 않은지 정하는 문제에서 프로타고라스는 진리라는 관점에서 한 조언자가 다른 조언자보다, 그리고 한 국가의 결정이 다른
국가의 결정보다 더 낫다는 것은 인정하겠지만, 한 국가가 자 b
신에게 유익하다고 생각하고 법으로 정하는 것은 무엇이든 실제로도 그 국가에 유익하다고는 감히 주장하지 못할 겁니다. 그

러나 정의와 불의, 경건과 불경의 영역에서 프로타고라스의 추종자들은 그중 어느 것도 본성상 객관적 실체가 있는 것이 아니며, 오히려 국가의 결정은 그것이 결정되는 순간 진리가 되며 그 결정이 유효한 한 진리로 남는다고 우기려 들겠지요. 그리고 이것은 프로타고라스의 이론을 철저하게는 신봉하지 않는 많은
c 사람의 철학이기도 합니다. 그런데 테오도로스님, 여기서 우리는 가면 갈수록 더 어려운 문제에 부딪히는군요.

테오도로스 우리에게는 여가가 많아요, 소크라테스님.

소크라테스 그런 것 같습니다. 그대 말을 듣고 보니 전에 가끔 떠올랐던 생각이 다시 떠오르는군요. 철학 공부로 인생의 대부분을 보낸 사람들이 법정에 서서 연설할 때면 우스꽝스러워 보이는 게 당연하다는 생각 말이에요.

테오도로스 무슨 말씀이신지요?

소크라테스 어려서부터 법정 같은 곳에서 굴러먹던 사람들을 철학이나 그와 비슷한 공부로 시간을 보내는 사람들과 비교한다
d 는 것은, 노예의 양육을 자유민 양육에 비교하는 것과도 같아요.

테오도로스 어떤 점에서 그런가요?

소크라테스 이런 점에서 그렇습니다. 철학자들에게는 언제나 그대가 방금 말한 여가가 있어 이들은 평화롭고 여유롭게 대화한답니다. 이를테면 우리가 논의에 논의를 거듭하며 어느새 세 번째 논의를 시작했듯이, 철학자들도 당장의 논의보다 새로운 논

의가 더 마음에 들면 주제를 바꿀 수 있지요. 그들은 논의의 길고 짧음에 전혀 신경 쓰지 않으며, 그들의 유일한 관심사는 진리에 이르는 것이라오.

그러나 법률가들은 달라요. 그들에게 할당된 시간이 자꾸 e
만 줄어들며[54] 그들이 연설을 서두르도록 강요하지요. 또한 소송 상대는 그들이 아무 주제나 마음대로 논하도록 허용하지 않고 지키고 서서는, 어떤 경우라도 거기에서 벗어나서는 안 되는 이른바 선서 진술서라는 소송사건의 개요서를 읽음으로써 그들에게 법적 강제력을 행사하지요. 언제나 한 명의 노예가 배심원석에 앉아 판결을 내리는 주인[55] 앞에서 다른 노예에 관해 발언하는데, 그 주제는 연설자와 무관하지 않고 연설자 자신과 관련되며, 목숨을 걸고 경합할 때도 있어요.[56] 이 모든 것으로 인해 173a
그들은 예민해지고 긴장하게 되었지요. 그래서 그들은 주인에게 말로 아첨하고 행동으로 호감을 살 줄은 알지만 그들의 혼은 작고 올곧지 못해요. 젊어서부터 몸에 밴 노예근성이 그들이 올곧고 자유롭게 성장하는 것을 방해하니까요. 그런 노예근성은 아직도 연약한 그들의 혼에 공포와 위험의 무거운 짐을 지움으

54 당시 아테나이 법정에서는 물시계(klepsydra '물 도둑')로 시간을 쟀다.

55 아테나이 민중(demos).

56 소크라테스가 법정에서 사형선고를 받았을 때를 연상시킨다.

로써 그들이 비뚤어진 행동을 하도록 강요하지요. 그리고 그들은 올바름과 참됨으로는 이 짐을 감당할 수 없어서 곧장 거짓 쪽으로, 그리고 악을 악으로 갚는 쪽으로 돌아서는데, 그 결과 그
b 들은 여러모로 비뚤어지고 발육이 불량한 상태가 되지요. 그리하여 그들은 소년기를 벗어나 어른이 다 되어도 건전한 생각이라고는 전혀 하지 못하는 위인이 돼요. 그들은 자신들이 영리하고 지혜로워졌다고 생각하겠지만 말이에요.

그들은 그런 사람들이랍니다, 테오도로스님. 그대는 우리가 우리 쪽 합창가무단[57]도 자세히 살펴봤으면 하나요? 아니면 우리 논의로 곧장 되돌아갈까요? 조금 전에 말한 주제 바꿈의 자유를 남용하지 않기 위해서 말입니다.

테오도로스 아니, 먼저 철학자들부터 자세히 살펴봐야지요, 소
c 크라테스님. 이 합창가무단에 속하는 우리가 우리 논의의 노예가 아니라 논의가 우리의 노예이며, 논의는 저마다 우리가 그것을 끝내는 게 좋겠다 싶을 때까지 기다려야 한다는 그대의 말씀이 백번 옳으니까요. 우리에게는 극작가에게 그러는 것처럼 우리를 비판하고 감독할 판관도 관객도 없으니 말입니다.

소크라테스 그대가 그러는 것이 적절하다고 생각하시니, 합창가무단의 지휘자들에 관해 이야기하도록 하지요. 이류 철학자들에 관해 이야기할 필요가 어디 있겠어요? 지휘자들은 우선 시장[58]으
d 로 가는 길을 알지 못하며, 법정이나 의사당이나 공공 집회를

위한 국가의 부속 건물이 어디 있는지도 알지 못해요. 또한 그들
은 법률이나 법령이 논의되거나 반포되는 것을 듣거나 보지 못
하지요. 또한 관직을 차지하려는 정파들의 노력, 집회, 만찬, 피
리 부는 소녀[59]들이 함께하는 술잔치 같은 것에 끼어들 생각은
꿈에서도 하지 않아요. 또한 그런 사람들은 나라에서 어떤 사
람의 집안이 좋고 어떤 사람의 집안이 나쁜가, 어떤 사람에게
대대로 내려오는 부정(不淨)이 있다면 그게 부계 쪽인가 모계
쪽인가 하는 문제들에 대해서는 이른바 바닷물이 몇 되쯤 되
느냐는 문제에 대해서보다도 관심이 적지요. 그들은 이런 것
들을 자신들이 모른다는 것도 모릅니다. 그들이 그런 것들을 e
멀리하는 까닭은 좋은 평판을 얻기 위해서가 아니며, 사실은 몸
만 국가에 자리 잡고 거기에 거주할 뿐 그의 마음은 이 모든 것
을 사소하고 무가치한 것으로 보고 멸시하면서 핀다로스[60]의
말처럼 '땅 밑에서 하늘 위로'[61] 사방으로 날아다니기 때문인데,

57 철학자들.

58 아고라(agora). 사람들이 모여 토론하는 장터.

59 우리나라의 기생에 해당하는 고급 매춘부.

60 Pindaros(기원전 518~446년 이후). 테바이 근처에서 태어난 그리스 서정시인으로, 그리스 4대 제전에서 우승한 자들을 위해 써준 승리의 송시(epinikion)들이 유명하다.

61 현존하는 핀다로스의 시에는 없는 말이다.

땅의 표면은 기하학의 영역이고 하늘은 천문학의 영역이지요.
174a 그리하여 그의 마음은 언제나 존재하는 사물 하나하나의 전체적인 본성을 규명하되 그 근처의 지엽적인 대상에는 내려앉지 않는답니다.

테오도로스 소크라테스님, 그게 대체 무슨 말씀이신지요?

소크라테스 탈레스의 경우가 좋은 예가 되겠지요, 테오도로스님. 사람들이 말하기를, 그가 천체를 관찰하느라 위만 쳐다보다가 구덩이에 빠지자 재치 있고 재미있는 트라케[62] 출신 하녀가 그를 놀려댔답니다. 하늘에 있는 것들을 열심히 보다가 바로 자기
b 발 앞에 있는 것은 보지 못했다고 말이에요. 그런데 철학으로 소일하는 사람은 누구나 다 그런 놀림을 받을 겁니다. 실제로 그런 사람은 옆집에 사는 이웃에 관심이 없어 이웃이 무엇을 하는지 모를뿐더러 이웃이 사람인지 아니면 다른 동물인지조차 거의 알지 못하니까요. 그가 수고를 아끼지 않고 탐구하는 것은 인간이란 대체 무엇이며, 어떤 일을 행하거나 당하는 것이 인간이라는 본성의 남다른 특징인가 하는 문제이지요. 테오도로스님, 내 말뜻을 아시겠어요? 아니면 모르시겠소?

테오도로스 알다마다요. 그리고 그것은 맞는 말씀입니다.

소크라테스 그래서 테오도로스님, 그런 사람은 개인들을 만나는
c 사석이나, 내가 첫머리에서 말했듯이 법정이나 여타 장소에서 발 앞에 있고 눈앞에 있는 것들에 관해 말하지 않을 수 없는 공

석에서는 트라케의 하녀뿐 아니라 일반 대중에게도 웃음거리가
되는 거랍니다. 그는 경험이 없는 탓에 구덩이에 빠지고 온갖 난
관에 맞닥뜨려 어찌할 바를 몰라 쩔쩔매다가 바보처럼 보일 테
니까요. 남을 험담할 때도 그는 누군가를 험담할 말을 알지 못
합니다. 그는 그런 일에는 무관심해서 남의 나쁜 점을 모르니까
요. 그래서 그는 어찌할 바를 몰라 하다가 바보처럼 보이는 것이 d
지요. 또한 사람들이 자화자찬하거나 남을 찬양할 때도 그는 웃
다가 발각되어—그는 웃는 체하는 것이 아니라 진짜로 웃으니
까요—실없는 사람이라고 여겨지지요. 그는 참주[63]나 왕이 칭
송받는 것을 들을 때면 돼지치기나 양치기나 소치기 같은 목자
가 가축의 젖을 많이 짰다고 칭찬받는 것쯤으로 생각해요. 그러
나 그는 참주나 왕이 키워서 젖을 짜는 동물은 목자가 키우는 동
물보다 성질이 더 고약하고 음흉하며, 참주나 왕은 마치 목자가
산속 울타리 안에서 살듯이 성벽에 둘러싸여 여가 없이 살기에 e
필시 목자 못지않게 촌스럽고 교양 없는 사람으로 자랄 것이라
고 생각하지요. 또한 누가 1만 플레트론[64] 또는 그 이상의 토지
를 갖고 있다고 해서 엄청난 땅부자라는 말을 들을 때면, 그는

62 Thraike. 에게 해 북쪽에 있는 지금의 그리스 북동부와 불가리아 지방.

63 tyrannos. 무력으로 정권을 빼앗은 일종의 군사독재자.

64 plethron. 1플레트론은 1만 제곱피트이다.

대지 전체를 바라보는 습관이 있는지라 그쯤은 새발의 피라고
여깁니다. 또한 사람들이 어떤 가문을 찬양하며 아무개는 조상
175a 이 7대에 걸쳐 부자였음을 보여줄 수 있는 신사라고 말하면, 그
는 그런 찬사를 늘어놓는 것은 그들이 아둔하고 소견이 짧아 언
제나 사물을 전체적으로 보지 못하거나 누구든 수천 명의 조상
이나 선조가 있으며 그중에는 저마다 부자도 거지도 있으며 왕
도 노예도 있고 이민족도 헬라스[65]인도 있다는 것을 헤아릴 줄
몰라 그런다고 생각하지요. 사람들이 25대에 걸친 족보를 들먹
거리면서 자신들의 가계가 암피트뤼온[66]의 아들 헤라클레스까
지 거슬러 올라간다고 우쭐대면, 그는 그들의 좁은 소견을 이상
b 하게 여기지요. 암피트뤼온의 25대조가 어떤 이였고 또 50대조
가 어떤 이였느냐 하는 것은 순전히 운수소관인데도 그들이 그
것을 헤아리지 못해 허영심으로부터 어리석은 마음이 벗어나지
못하는 것이 그에게는 우습기만 하니까요. 이 모든 경우 철학자
는 대중의 웃음거리가 되는데, 그것은 그가 오만하다고 여겨지
기 때문이기도 하고, 발 앞에 있는 것도 몰라서 번번이 쩔쩔매
기 때문이기도 하지요.

테오도로스 그대는 정곡을 찌르셨군요, 소크라테스님.

소크라테스 그런데 테오도로스님, 철학자가 철학자가 아닌 사람
c 을 위로 끌어올린다면 어떨까요? 철학자가 "내가 그대에게 어
떤 불의를 저지르고 있소?" 아니면 "그대는 내게 어떤 불의를

저지르고 있소?"라고 묻는 데서 벗어나, 정의 자체와 불의 자체는 각각 무엇이며 그것들은 어떤 점에서 서로 또는 다른 것들과 다른지 고찰할 용의가 있는 누군가를 발견한다고 가정해보시지요. 아니면 "왕은 행복한가?" 또는 "그가 행복한 것은 돈이 많기 때문인가?"라고 묻는 데서 벗어나 왕도정치는 무엇이며 인간의 행복과 불행과 관련하여 이 둘은 각각 무엇인지, 인간이 그중 하나를 획득하고 다른 하나를 피하려면 어떤 방법이 적절한지 고찰할 용의가 있는 누군가를 발견한다고 가정해보시지요. d
법적으로 따지려 드는 저 속 좁고 날카로운 사람이 이 모든 것에 관해 설명하도록 강요받는다면 그때는 형세가 역전됩니다. 그는 익숙하지 못한 높은 곳에 매달려 공중에서 아래를 내려다보다 현기증이 나고 놀라고 당황하여 말을 더듬거리다가 트라케의 하녀나 다른 교육받지 못한 사람이 아니라—그들은 무슨 일이 일어나는지 알아차리지 못하니까요—노예가 아닌 자유민으로서 양육된 모든 사람에게 웃음거리가 되고 말지요.

이 두 부류의 성격은 그렇습니다, 테오도로스님. 그중 한 부류는 그대가 철학자라고 부르는, 진실로 자유와 여가 속에서 e

65 Hellas. 그리스.

66 Amphitryon. 알크메네(Alkmene)의 남편으로 헤라클레스의 양아버지. 헤라클레스의 친아버지는 제우스이다.

양육된 성격으로, 우리는 그가 침구를 정돈하거나 양념을 치거나 아부하는 등 노예들이나 하는 일을 하게 됐을 때 어리석고 아무 쓸모없어 보여도 용서할 수 있습니다. 다른 성격은 그런 종류의 일을 깔끔하고 솜씨 좋게 해낼 줄은 알아도 겉옷을 자유민답게 제대로 입을 줄도 모르고 논의를 조율할 줄도 모르며 신들과
176a
행복한 인간의 삶을 제대로 찬양할 줄도 몰라요.

테오도로스 소크라테스님, 그대의 말씀이 나를 설득하듯 모든 사람을 설득한다면 사람들 사이에 평화는 늘고 악은 줄어들 거예요.

소크라테스 그렇지만 테오도로스님, 악이 사라진다는 것은 불가능합니다. 선과 상반되는 것이 항상 있어야 하니까요. 그리고 악은 신들 사이에 자리 잡을 수 없기 때문에 부득이 우리의 사멸하는 본성과 이 지상(地上)을 떠돌아다녀야 해요. 따라서 우리
b
는 되도록 빨리 지상을 떠나 신들의 거처로 달아나려고 시도해야 합니다. 여기서 달아난다는 것은 최대한 신과 같아지는 것이며, 신과 같아진다는 것은 정의롭고 경건하고 지혜로워지는 겁니다. 그런데 테오도로스님, 대중은 악을 피하고 미덕을 추구해야 하는 것은 나쁜 사람으로 보이지 않고 좋은 사람으로 보이기 위해서라고 주장하는데, 미덕은 추구하되 악은 추구하지 말아야 하는 이유는 그런 것이 아니라고 그들을 설득하기란 결코 쉬운 일이 아니에요. 하지만 내 귀에는 대중의 그런 주장이, 말하

자면 노파들의 객쩍은 소리처럼 들립니다.

그러나 우리는 다음과 같이 진실을 말할 수 있지요. 신은 절대로 불의하지 않고 최대한 정의로우며, 우리 가운데 최대 c
한 정의로워지는 사람보다 더 신과 비슷한 사람은 없다고. 그리고 한 인간이 진실로 현명한가 아니면 무가치하고 비겁한가는 거기에 달려 있어요. 그것을 아는 것이 참된 지혜이자 미덕이고, 그것을 모르는 것은 무지하고 악하다는 증거니까요. 현명함과 지혜로 통하는 그 밖의 다른 것은 권력투쟁에서는 조악한 것으로 드러나고, 각종 기술에서는 천한 것으로 드러나지요. 따라서 불의하게 행동하고 불경한 말이나 행동을 하는 사람을 만나면 못할 짓이 없는 거침없는 태도가 그를 현명하게 만 d
든다는 데 동의하지 않는 것이 가장 바람직해요. 그런 사람들은 그런 비난을 자랑으로 여기며, 자기들은 어리석고 공연히 대지에 짐만 된다[67]는 말을 들은 것이 아니라 공동체에서 살아남는 재주가 있다는 말을 들은 것으로 여기니까요. 그래서 우리는 그들에게 진실을 말해줘야 합니다. 그들은 자신들이 아니라고 생각하는 그런 사람들이며, 자신들은 그렇지 않다고 생각하는 그만큼 더 그런 사람들이라고 말이에요. 그들은 절대 몰라서는 안 되는 불의에 대한 벌을 모르고 있으니까요. 그 벌은 그들이 생각

67 『일리아스』 18권 104행, 『오뒷세이아』 20권 379행.

e 하듯 매질을 당하거나 사형을 당하는 것이 아니라오. 매질이나 사형은 그들이 불의를 저지르고도 때로는 면할 수 있지만 그 벌은 피할 수 없는 것이니까요.[68]

테오도로스 그게 어떤 벌인가요?

소크라테스 테오도로스님, 존재의 세계에는 두 모형[69]이 있는데, 그중 하나는 신적이고 더없이 축복받은 것이지만, 다른 하나는 신적이지 않고 더없이 비참해요. 그러나 그들은 그것이 그렇다는 것을 알지 못하며, 아둔하고 극도로 생각이 모자라 자신들의
177a 불의한 행위 탓에 자신들이 한쪽 모형은 닮아가지만 다른 모형은 닮지 않는다는 것을 알아차리지 못합니다. 그래서 그들은 그 벌로 자신들이 닮아가는 모형과 비슷한 삶을 살아가지요. 그런데 우리가 만약 그들이 자신들의 '현명함'에서 벗어나지 못한다면 사후에 악에 오염되지 않은 축복받은 곳으로 받아들여지지 못하고 언제까지나 이곳 지상에서 악과 악이 어우러져 자신들을 닮은 삶을 살 것이라고 말해준다고 가정해보시지요. 그러면 그들은 우리가 하는 말을 지각없는 자들이 현명하고 못할 짓이 없는 사람들에게 하는 말쯤으로 여길 겁니다.

테오도로스 그렇고말고요, 소크라테스님.

b **소크라테스** 내가 알기에도 그렇습니다, 테오도로스님. 그런데 그들에게는 한 가지 기이한 일이 벌어져요. 그들이 철학을 싫어하는 이유를 사석에서 말하기 시작할 때, 만약 겁쟁이처럼 달아

나지 않고 장시간 남자답게 그런 일을 견뎌내려 한다면 이상하게도 그들은 자신들이 하는 말에 결국 만족하지 못하는 거예요. 그들의 저 현란한 연설도 어쩐지 시들어버려, 그들은 어린아이보다 더 나을 게 없어 보이지요.

그러나 이 모든 것은 여담이니 이쯤 해둡시다. 그러지 않으
면 쟁점들이 점점 더 많이 계속해서 흘러 들어와 우리의 본래 논
의를 묻어버리고 말 거예요. 그러니 우리가 앞서 이야기한 것 c
으로 되돌아갑시다. 그대도 그러는 편이 좋겠다 싶으시다면 말
이죠.

테오도로스 소크라테스님, 나는 그런 여담을 듣는 게 오히려 즐거워요. 내 또래에게는 그쪽이 따라가기가 더 쉬우니까요. 하지만 그대만 좋으시다면 우리의 본래 논의로 돌아갑시다.

소크라테스 좋아요. 우리는 존재는 운동한다는 이론과 각자에게 그렇다고 여겨지는 것은 그렇다고 여기는 사람에게는 여겨지는 그대로 존재한다는 이론을 검토하다가, 이런 이론을 신봉하는 사람들은 다른 경우에도 그렇지만 특히 정의로운 것들과 관련해서는 그런 이론을 펼치려 한다고 말했지요. 그들의 주장에

68 사후 심판에 관해서는 『파이돈』 113d~114c, 『고르기아스』 523a~526d, 『국가』 614b~621d 참조.

69 paradeigma. 문맥에 따라 '본' '본보기'로도 옮길 수 있다.

따르면, 한 국가가 무엇을 정의롭다고 여겨 어떤 법을 제정하든
d 그 법이 효력이 있는 한에서는 그 법을 제정한 국가에게는 정의롭다는 겁니다. 그러나 어떤 것이 좋은 것이냐 하는 문제와 관련해서 우리는, 국가가 무엇을 자신에게 유익하다고 생각하여 그런 것으로 결정하든 그것이 효력이 있는 한에서는 그 국가에 유익하기도 하다고 계속 우길 만큼 무모한 사람은 아무도 없을 것이라고 말했어요. 그러면 그는 '유익하다'는 말로 언어유희를 하는 것이며, 그러면 우리 논의는 농담이 되어버릴 테지요. 그러지 않을까요?

테오도로스 물론 그렇지요.

e **소크라테스** 그러면 그는 이름에 관해 말할 것이 아니라 그 이름이 지시하는 대상을 고찰해야겠군요.

테오도로스 그러고말고요.

소크라테스 어떤 이름을 붙이든 국가가 입법할 때 목표하는 것은 이익이며, 국가는 모든 법을 자신이 그렇다고 믿고 그럴 수 있는 한 자신에게 최대한 유익하도록 제정하지요. 아니면 국가는 입법할 때 그 밖의 다른 것에 주목할까요?

178a **테오도로스** 그러지 않습니다.

소크라테스 그런데 모든 국가가 늘 과녁을 맞히나요, 아니면 가끔은 과녁을 빗맞힐 때도 있나요?

테오도로스 빗맞히기도 한다고 나는 생각해요.

소크라테스 우리가 '유익한 것'이 속하는 부류 전체와 관련하여 문제를 제기한다면 빗맞힐 가능성이 있다는 데 누구나 더 기꺼이 동의할 겁니다. 그런데 유익한 것은 분명 미래와 관계가 있어요. 왜냐하면 우리가 입법할 때는 나중에 유익하리라 생각하고 법을 제정하는데, '나중'은 '미래'라고 부르는 것이 옳기 때문이지요.

테오도로스 물론이지요. b

소크라테스 그렇다면 자, 프로타고라스나 그의 제자 중 한 명에게 물어봅시다. "프로타고라스님, 여러분의 주장에 따르면 인간은 만물의 척도이며, 그 점은 흰 것, 무거운 것, 가벼운 것 등등에 대해서도 마찬가지입니다. 여러분에 따르면, 인간은 그런 것들에 대한 판단 기준을 자신 안에 갖고 있어서 그가 사물은 자신이 경험하는 대로라고 생각한다면 그의 생각은 그에게는 진실로 참이기 때문입니다. 그렇지 않습니까?"

테오도로스 그렇습니다.

소크라테스 "그렇다면 프로타고라스님" 하고 우리는 계속해서
말할 겁니다. "그는 미래에 일어날 일들에 대한 판단 기준도 자 c
신 안에 갖고 있나요? 그래서 그가 일어날 것이라고 생각하는
일들이 실제로 그가 생각한 대로 일어나나요? 열(熱)을 예로 들
어봅시다. 어떤 문외한이 자기는 열병에 걸려 그런 종류의 열이
나리라 생각하는데 의사는 그 반대라고 생각한다면, 미래는 둘

중 누구의 판단과 일치할 것이라고 말해야 할까요? 아니면 두 사람 모두의 판단과 일치할 거라고 말해야 할까요? 그래서 그 사람은 의사에게는 열도 없고 열병에 걸리지도 않겠지만 그 자신에게는 열도 있고 열병에도 걸리게 될까요?"

테오도로스 그건 웃기는 일이겠지요.

소크라테스 "또한 포도주가 미래에 달 것이냐 쓸 것이냐 하는 문제와 관련해서는 키타라 연주자가 아니라 농부의 판단이 권위 있다고 나는 생각합니다."

테오도로스 왜 아니겠어요?

소크라테스 "또한 연주된 적이 없는 곡의 화음과 불협화음과 관
d 련해서는, 어느 것이 연주됐을 때 체육 교사 자신에게도 화음이 잘 맞는 것으로 들릴지는 체육 교사가 음악가보다 더 잘 판단할 수 없습니다."

테오도로스 없고말고요.

소크라테스 "또한 잔치를 준비할 때는 손님으로 참석할 사람은 요리 교육을 받지 않은 한 앞으로 맛볼 즐거움에 대해 요리사보
e 다 더 권위 있는 판관이 아닐 것입니다. 우리는 각자에게 현재 맛있는 것이나 과거에 맛있었던 것과 관련해서는 아직은 논쟁하지 않을 것입니다. 그러나 미래에 각자에게 맛있어 보이고 맛있을 것과 관련해서는 각자가 자신을 위한 가장 훌륭한 판관입니다. 아니면 프로타고라스님, 적어도 어떤 연설이 법정에서 우

리 각자에게 설득력이 있을 것인지에 관해서만큼은 어떤 문외한보다 그대가 더 훌륭하게 예상할 수 있을까요?"

테오도로스 소크라테스님, 아무튼 그분은 그 점에서는 자신이 누구보다 탁월하다고 강조하곤 했어요.

소크라테스 아닌 게 아니라 그는 그랬지요, 테오도로스님. 그러지 않았다면 아무도 그와 대화하기 위해 큰돈을 내지 않았을 거 179a
예요. 만약 그가 미래에 존재하고 그렇다고 여겨질 것과 관련해서는 어느 누구도, 아니 예언자조차도 자기보다 더 훌륭하게 판단할 수 없으리라고 제자들을 설득하지 못했다면 말이에요.

테오도로스 참으로 맞는 말씀입니다.

소크라테스 그렇다면 입법도 유익한 것도 미래와 관계가 있으며, 국가가 입법할 때는 가장 유익한 것을 종종 빗맞힐 수밖에 없다는 데는 누구나 동의하겠지요?

테오도로스 그러고말고요.

소크라테스 따라서 우리가 이렇게 말한다면 그대의 스승에게는 적절한 답변이 되겠지요. 어떤 사람들은 다른 사람들보다 더 지 b
혜로워서 이들 더 지혜로운 사람이 '척도'라는 것을 그는 인정하지 않을 수 없겠지만, 비록 그를 위한 우리의 조금 전 변론은 내가 원하든 원하지 않든 나를 척도로 만들려고 했어도, 나처럼 아무 지식이 없는 사람은 척도가 되어야만 할 아무런 이유가 없다고 말한다면 말입니다.

테오도로스 소크라테스님, 그것이 그 이론의 가장 큰 약점인 것 같네요. 또한 그 이론은 남의 판단을 권위 있는 것으로 만들어주지만, 정작 남의 판단은 분명 그의 이론을 전혀 참이 아닌 것으로 여긴다는 점에서도 비판을 피할 길이 없어요.

c **소크라테스** 테오도로스님, 적어도 그런 일에서 각자의 모든 판단이 참이 아니라는 것을 논박하는 데는 여러 방법이 있을 수 있어요. 그러나 판단들이 거기에서 우리의 지각과 지각에 관련된 판단들이 생기는 각자의 순간적인 감정 상태와 관련해 참이 아니라고 증명하는 것은 더 어렵지요. 그러나 '더 어렵다'는 내 말이 틀렸을 수도 있어요. 그런 판단들은 전혀 공박할 수 없는 것일 수도 있고, 그런 것들은 명백하며 지식의 형태일 수 있다고
d 주장하는 사람들의 말이 옳을 수도 있으며, 지각과 지식은 같은 것이라는 여기 있는 테아이테토스의 말이 과녁에서 빗나간 것이 아닐 수도 있으니까요.

그러니 우리는 프로타고라스를 위한 변론이 시키는 대로[70] 더 가까이 다가가 이 운동하는 실체를 살펴봐야 해요. 그것이 정상적인 소리를 내는지 아니면 깨진 소리를 내는지 톡톡 두드리면서 말입니다. 아무튼 이와 관련해서는 작지 않은 전쟁이 벌어지고 있고, 적잖은 전사들이 참전하고 있어요.

테오도로스 작지 않고말고요. 전쟁은 지금 이오니아[71] 지방 전체로 확산되고 있어요. 헤라클레이토스의 제자들이 이 이론을 강

력히 지지하기 때문이지요.

소크라테스 테오도로스님, 그래서 우리는 더더욱 이 이론을 출 e
발점에서부터 검토해야 합니다. 그들이 제시한 대로 말이에요.

테오도로스 전적으로 동의합니다, 소크라테스님. 헤라클레이토스의 말처럼 또는 그대 말씀처럼 호메로스나 그 이전 현자들[72]의 이런 이론들에 관해서 이런 이론들의 전문가로 자처하는 에페소스[73]인들 자신과 논의한다는 것은 미치광이들과 논의하는 것보다 더 불가능하니까요. 그들은 자신들이 쓴 저술들에 충실하게 끊임없이 움직입니다. 논의나 질문의 논점을 고수하거나 순서대로 차분하게 묻고 답변하는 능력이 그들에게는 눈곱만큼도
없거든요. 아니, 그것도 과장된 표현입니다. 그들에게 차분함이 180a
라곤 티끌만큼도 없으니까요. 그대가 질문을 한다고 가정해보세요. 그들은 화살통에서 화살을 꺼내듯 수수께끼 같은 짧은 문구를 꺼내 쏘아댈 겁니다. 그래서 그 문구가 무슨 뜻이냐고 설명해주기를 요구하면 새로운 은유(隱喩)가 그대를 가격할 겁니다. 그리하여 그대는 그들 중 어느 누구와도 어떤 결론에 이르지 못

70 166c, 168b 참조.

71 Ionia. 소아시아(지금의 터키)의 중서부 지방과 그 부속 섬들을 가리킨다.

72 152e 참조.

73 Ephesos. 이오니아 지방의 항구도시로, 헤라클레이토스가 태어나 자란 곳이다.

할 거예요. 아니, 그들은 자기들끼리도 어떤 결론에 이르지 못할 겁니다. 그들은 어떤 것도 논의나 자신들의 마음속에 확실하
b 게 자리 잡지 못하도록 극히 경계하는데, 내 생각에 그들은 그런 것을 정지된 것이라고 믿는 것 같아요. 그래서 그들은 정지해 있는 것과 전면전을 벌이며 있는 힘을 다해 도처에서 그것을 쫓아내는 거지요.

소크라테스 테오도로스님, 그대는 아마도 그들이 싸우는 모습만 보고 평화롭게 지내는 모습은 본 적이 없는 것 같군요. 아무튼 그대는 그들과 한동아리가 아니에요. 그러나 나는 그들이 자기들과 같은 사람으로 만들고 싶어하는 제자들에게는 시간을 갖고 그런 평화적 이론들을 전수할 것이라고 생각합니다.

테오도로스 어떤 제자들 말씀인가요, 소크라테스님? 그들 사이
c 에는 제자도 없고 스승도 없어요. 그들은 각자 우연히 영감을 받은 곳에서 스스로 자라나며 저마다 남들은 모두 아무것도 모른다고 생각하지요. 그래서 내가 방금 말하려고 했듯이, 그대는 그들한테서 어떤 설명도 들을 수 없어요. 설령 그들이 그러고 싶어해도요. 그러니 우리가 그들의 이론을 넘겨받아 마치 기하학에 관한 문제를 다루는 양 검토해야 합니다.

소크라테스 적절한 말씀입니다. 그런데 이 문제는 두 부류 사람들에 의해 우리에게 전승된 거예요. 그중 오래전에 살았던 사람들은 대중에게 비밀을 지키기 위해 시적인 표현을 써서 만물은

오케아노스와 테튀스[74]에서, 즉 흐르는 물에서 태어났으며, 정 d
지해 있는 것은 아무것도 없다고 말했지요. 우리는 이 이론을 요즘 사람들한테서도 들었는데, 그들은 이런 문제들에 더 조예가 깊은지라 자신들의 이론을 공공연히 드러냈습니다. 제화공도 듣고서 그들의 지혜를 이해하게 되어 어떤 것들은 정지해 있고 어떤 것들은 운동한다는 어리석은 생각을 버리도록, 그리고 모든 것은 변한다는 것을 배운 뒤에는 자신들을 가르쳐준 스승들을 존경하도록 말이에요. 그러지 않은가요?

그런데 테오도로스님, 다른 사람들은 이와 상반되는 것을
가르치고 있다는 것을 하마터면 잊어버릴 뻔했군요. '우주는 e
변하지 않는다'는 주장 말이에요. 또한 멜릿소스[75]와 파르메니데스[76] 같은 사람들이 이 모든 이론에 맞서 주장하는 다른 모든 이론 말입니다. 이들의 주장에 따르면 모든 것은 하나이며, 이 하나는 그 안에 움직일 공간이 없어 자기 안에 정지해 있다는 거예요.

74 Okeanos. Thetys. 오케아노스는 대지를 감돌아 흐르는 거대한 강이고 테튀스는 그의 누이이자 아내인데, 둘 다 우라노스(Ouranos '하늘')와 가이아(Gaia '대지')의 자식이다.

75 Melissos. 기원전 5세기에 활동한 사모스(Samos) 출신의 정치가이자 장군, 철학자.

76 주 27 참조.

그러니 테오도로스님, 우리는 이들 모두를 어떻게 대해야
181a 할까요? 우리는 조금씩 앞으로 나아가다가 그런 줄도 모르고 양
쪽 사이의 공간으로 들어왔는데, 우리가 어떻게든 자신을 방어
하며 그들 사이에서 벗어나지 못하면 대가를 치를 거예요. 레슬
링장에서 선을 그어놓고 경기하는 사람들이 서로 상대편 사람
들에게 붙잡히면 선을 넘어 반대 방향으로 끌려가듯 말이지요.
그래서 말인데, 내 생각에는 우리가 기왕 다루기 시작한 첫 번
째 편 사람들부터 먼저 살펴보는 게 좋을 것 같습니다. 흐른다는
사람들 말이에요. 그리고 만약 그들의 말에 일리가 있다 싶으면
우리는 그들이 우리를 자기들 쪽으로 끌어당기도록 도와줄 것
이며, 그럼으로써 다른 편 사람들을 피하려 할 거예요. 그러나
우주는 정지해 있다는 사람들의 주장이 진리에 더 가깝다 싶으
b 면 우리는 변하지 않는 것들을 변하게 하려는 사람들을 피해 그
들에게로 달아날 겁니다. 그런데 어느 쪽 말에도 일리가 없다 싶
으면, 우리처럼 하찮은 사람들이 더없이 지혜로운 선현(先賢)들
의 이론을 폄하하며 쓸 만한 말을 할 수 있다고 스스로 생각하는
것은 우스운 일이겠지요. 그러니 테오도로스님, 그대는 그런 위
험을 향해 나아가는 것이 바람직한지 살펴보시지요.

테오도로스 하지만 소크라테스님, 나는 양쪽 이론을 철저히 고찰하지 않고는 못 견딜 것 같아요.

소크라테스 그대가 그토록 열의에 차 있으니 고찰해야겠군요. 그

런데 내 생각에 변화에 관한 우리 고찰은, 그들이 만물은 변한 c
다고 말할 때 그 말이 정확히 무엇을 의미하는가에서 출발해야 할 것 같아요. 내가 묻고 싶은 바는 그들이 말하는 것이 한 종류의 변화냐 아니면 두 종류의 변화냐는 거예요. 내가 보기에는 후자 같습니다만. 나 혼자만 그렇게 생각해서는 안 되고, 그대도 참여해야 합니다. 우리에게 무슨 일이 생기면 우리 둘이서 감당할 수 있도록 말이에요. 그러니 말씀해주지요. 그대가 어떤 것이 변한다고 말씀하시는 것은 그것이 한 곳에서 다른 곳으로 장소를 이동할 때인가요, 아니면 같은 곳에서 회전할 때도 그렇게 말씀하시나요?

테오도로스 네, 그럴 때도 그렇게 말합니다.

소크라테스 그러면 그것이 변화의 한 종류라고 합시다. 그런데
어떤 것이 같은 곳에 머무르되 낡거나, 희어지는 대신 검어지거 d
나, 부드러워지는 대신 딱딱해지거나, 그 밖의 다른 방법으로 달라질 때는 그것을 다른 종류의 변화라고 말하는 것이 적절하지 않을까요?

테오도로스 당연히 그렇다고 말해야겠지요.

소크라테스 그러면 이것들이 두 종류의 변화입니다. 달라짐과 운동 말이에요.

테오도로스 옳은 말씀입니다.

소크라테스 이제 이렇게 구분했으니 우리는 만물은 변한다고 주

e 장하는 사람들과 대화를 나누며 물어보도록 합시다. "여러분은 만물이 움직이기도 하고 바뀌기도 하면서 두 방법으로 변한다고 주장하시는 건가요, 아니면 어떤 것들은 두 방법으로 변하지만 어떤 것들은 두 방법 중 한 방법으로만 변한다고 주장하시는 건가요?"

테오도로스 정말이지 뭐라고 답변해야 할지 모르겠네요. 그렇지만 내 생각에 그들은 만물은 두 방법으로 변한다고 말할 것 같아요.

소크라테스 아니라면 테오도로스님, 그들은 사물이 움직이기도 하고 정지해 있기도 하다는 것을, 그리하여 만물이 정지해 있다는 주장도 만물이 변한다는 주장 못지않게 옳다는 것을 발견하겠지요.

테오도로스 참으로 맞는 말씀입니다.

182a **소크라테스** 그래서 사물은 변해야 하고, 변하지 않는다는 것은 어떤 것에게도 불가능하므로 만물은 언제나 온갖 방법으로 변하는 것이지요.

테오도로스 당연하지요.

소크라테스 그렇다면 그들의 다음과 같은 논점을 검토해주시지요. 뜨거움이나 흼이나 그런 종류의 어떤 것의 생성에 관한 그들의 주장인즉, 그런 것들은 저마다 능동적 요인과 수동적 요인 사이에서 지각과 동시에 움직이는데, 수동적 요인은 지각이 아니라 지각하는 것이 되고 능동적 요인은 성질이 아니라 어떤 성질을 가진 것이 된다고 우리는 말하지 않았던가요? 그런데 '성질'이라는 말이 이상하게 들려서 그대는 이 추상적 표현을 아마 이해하지 못할 거예요. 그래서 나는 특수한 경우를 예로 들까 합니다. 능동적 요인은 뜨거움도 흼도 되지 않지만 뜨거운 것이나 b
흰 것이 되며, 다른 것들도 이 점은 마찬가지입니다. 그대도 기억하겠지만 조금 전 논의에서 우리는 능동적인 것이든 수동적인 것이든 그 자체로 불변인 하나인 것은 아무것도 없으며 이 양자의 상호 결합에서 지각과 지각된 것이 태어나는데, 이때 지각된 것은 어떤 자질을 부여받은 것이 되고 지각은 지각하는 것이 된다고 말했으니까요.

테오도로스 기억합니다. 어찌 기억하지 못하겠습니까?

소크라테스 그들이 말하는 것이 이것이든 저것이든 우리는 그들 c
의 이론에서 다른 부분들은 제쳐두도록 하고, 우리의 논의 대상에만 집중하며 그들에게 물어봅시다. "그대들에 따르면 만물은 변하고 흐릅니다. 그렇습니까?"

테오도로스 그렇습니다.

소크라테스 "만물은 우리가 구별한 두 가지 변화를 다 합니까? 말하자면 만물은 움직이기도 하고 달라지기도 합니까?"

테오도로스 당연하지요. 아니라면 그것은 완전하게 변하지 않겠지요.

소크라테스 사물이 움직이기만 하고 달라지지 않는다면 우리는 이들 흐르는 사물이 어떤 성질을 띠는지 말할 수 있겠지요? 아니면 말할 수 없을까요?

테오도로스 그렇게 말할 수 있지요.

d **소크라테스** 그러나 흼도 계속해서 희게 흐르지 않고 흼 자체도 다른 색깔로의 변화 또는 흐름이어서 결코 정지해 있는 것으로 포착되지 않는데, 어떤 색깔의 이름을 제대로 사용했다고 자신할 수 있을까요?

테오도로스 그건 불가능합니다, 소크라테스님. 또한 그런 종류에 속하는 그 밖의 다른 것에도 이름을 붙일 수 없어요. 만약 그것이 흐르는 것이어서 우리가 말하는 사이에 언제나 빠져나가 버린다면 말입니다.

소크라테스 시각과 청각 같은 감각적 지각에 관해서 우리는 무엇
e 이라고 말할까요? 시각이나 청각 행위에는 어떤 정지 상태 같은 것이 있지 않을까요?

테오도로스 아니, 있을 수 없어요. 만약 모든 것이 변한다면 말입니다.

소크라테스 그러면 우리는 봄을 보지 않음보다 더 봄이라고 말해서도 안 되고, 다른 감각적 지각도 지각하지 않음보다 더 감각적 지각이라고 말해서는 안 되겠군요. 만약 만물이 모든 면에서 변한다면 말입니다.

테오도로스 안 되고말고요.

소크라테스 그런데 나와 테아이테토스의 주장에 따르면 감각적 지각은 지식이에요.

테오도로스 그렇습니다.

소크라테스 그렇다면 "지식이란 무엇인가?"라는 질문을 받았을 때 우리는 지식이 아닌 것이 무엇인지보다 지식이 무엇인지에 대해 더 답변한 것이 아닙니다.

테오도로스 그런 것 같네요. 183a

소크라테스 우리의 답변을 바루려다가 우리는 멋진 결론에 도달했군요. 우리의 답변이 옳다는 것을 보여줄 목적으로 우리는 만물이 변한다는 것을 증명하려고 노심초사했으니까요. 그러나 우리가 증명한 것은 분명 만약 만물이 변한다면 어떤 질문에 무슨 대답을 하든 똑같이 옳다는 겁니다. 그렇다면 우리는 '그것은 그렇다'고 '그것은 그렇지 않다'고도 말할 수 있으며, 우리가 정지를 나타내는 말로 그들을 방해하는 것을 피하고 싶으면 '그것은 그렇게 된다'고 '그것은 그렇게 되지 않는다'고도 말할 수 있을 거예요.

테오도로스 옳은 말씀입니다.

소크라테스 테오도로스님, 내가 '그렇다' '그렇지 않다'고 말한 것을 제외한다면 그렇겠지요. 그러나 '그렇다'는 표현을 사용해서는 안 됩니다. 그것은 변화를 멈추게 하니까요. '그렇지 않다' b

고 말해도 안 됩니다. 그 역시 변화가 아니니까요. 아니, 이런 이론을 주장하는 사람들은 다른 언어를 가져야 합니다. 지금은 그들이 이론에 맞는 표현들을 갖고 있지 못하니까요. '어느 쪽도 아니다'를 제외하고는 말입니다. 그런 표현은 한정되지 않은 까닭에 그들에게 가장 잘 맞겠지요.

테오도로스 그것은 분명 그들에게 가장 적합한 어법입니다.

소크라테스 테오도로스님, 그렇다면 우리는 그대의 친구인 프로타고라스에게서 벗어났군요. 지혜로운 사람이라면 몰라도 모든 사람이 만물의 척도라는 그의 이론에 동의하지 않고도 말이에
c 요. 또한 우리는 만물이 변한다는 가설에 근거해서는 지식은 감각적 지각이라는 데 동의하지 않을 거예요. 여기 있는 테아이테토스가 달리 할 말이 없다면 말입니다.

테오도로스 소크라테스님, 참 듣기 좋은 말씀을 하시는군요. 이 문제가 해결되어 프로타고라스님의 이론에 관한 논의가 끝나면, 우리끼리의 합의에 따라 나도 그대에게 답변해야 하는 의무에서 벗어날 테니까요.

테아이테토스 안 됩니다, 테오도로스님. 소크라테스 선생님과 선
d 생님이 방금 제의하신 대로 우주는 정지해 있다고 주장하는 사람들의 이론도 철저히 논의하시기 전에는 말이에요.

테오도로스 테아이테토스, 자네같이 젊은 사람이 합의를 파기하고 불의를 저지르도록 연장자들을 가르치려 드는 겐가? 자

네 자신이 소크라테스님과의 논의를 이어갈 준비를 하는 게 더 나을 걸세.

테아이테토스 그러겠습니다. 소크라테스 선생님께서 원하신다면요. 하지만 저는 제가 말한 그 주제에 관해서라면 듣는 쪽이 훨씬 즐거울 거예요.

테오도로스 소크라테스님을 논의의 장으로 불러내는 것은 기병대를 탁 트인 들판으로 불러내는 것일세. 질문해보게. 그러면 자네는 듣게 될 걸세.

소크라테스 그렇지만 테오도로스님, 나는 테아이테토스의 요구 e
에 부응하지 못할 것 같습니다.

테오도로스 왜 못하신다는 거죠?

소크라테스 나는 멜릿소스나 우주는 하나이며 정지해 있다고 가르치는 다른 사람들을 존경하기에 그들의 이론을 피상적으로 검토하고 싶지 않아요. 나는 특히 한 분을 누구보다도 존경합니다. 파르메니데스 말이에요. 파르메니데스는 호메로스의 말처럼 "내게는 황공하기도 하고"[77] "두렵기도 한"[78] 분이었습니다.
내가 새파랗게 젊었을 때 연로한 그분을 만난 적이 있는데,[79] 더 184a

77 『일리아스』 3권 172행.

78 『오뒷세이아』 8권 22행.

79 『파르메니데스』 참조.

없이 고상한 내면적 깊이를 지닌 분처럼 보였어요. 그래서 나는 우리가 그분이 사용하는 낱말을 이해하지 못할뿐더러 그분의 말뜻은 더더욱 이해하지 못할까 두렵습니다. 그러나 내가 무엇보다 두려워하는 것은, 만약 내가 이들 논의가 술 취한 불청객처럼 문을 부수고 무질서하게 쳐들어오도록 내버려둔다면 정작 지식이 무엇이냐는 우리 논의의 주제는 검토하지 못할 수도 있다는 겁니다. 특히 지금 우리가 제시하는 이론은 범위가 방대하니까요. 그래서 우리가 그것을 여담으로 다루면 부당하게 대접하는 것이 되고, 충분히 검토하면 너무 길어져서 지식에 관한 문제는 실종되고 말 거예요. 둘 중 어느 쪽도 안 됩니다. 그러니
b 우리가 해야 할 일은 지식에 관해 테아이테토스가 임신하고 있는 생각을 분만하도록 내 산파술을 이용하는 겁니다.

테오도로스 그대 생각이 정 그렇다면 그래야겠지요.

소크라테스 그러면 테아이테토스, 우리가 앞서 말한 것과 관련하여 자네는 이 점도 검토해보게. 자네는 지식은 감각적 지각이라고 대답했네. 그러지 않았는가?

테아이테토스 네, 그랬습니다.

소크라테스 그런데 자네에게 이렇게 묻는 사람이 있다고 가정해보게. "사람은 무엇으로 흰 것과 검은 것을 보며, 무엇으로 고음과 저음을 듣는가?" 생각건대 자네는 "눈과 귀로"라고 대답할 걸세.

테아이테토스 그렇게 대답할 거예요.

소크라테스 대개는 어휘 선택에 크게 신경쓰지 않고 말을 자유롭게 사용하는 것이 고상하고, 지나친 꼼꼼함은 자유인답지 못하네. 하지만 가끔은 그러한 꼼꼼함이 필요할 때도 있네. 마치 지금 내가 자네 대답이 정확하지 못한 점에 이의를 제기하지 않을 수 없듯이 말일세. 생각해보게. 어느 쪽이 더 정확한 대답인가? 우리가 보는 것은 눈에 의해서인가, 아니면 눈을 통해서인가? 또는 우리가 듣는 것은 귀에 의해서인가, 아니면 귀를 통해서인가? c

테아이테토스 소크라테스 선생님, 저는 우리가 언제나 그것들에 '의해서'보다는 그것들을 '통해서' 지각한다고 생각합니다.

소크라테스 여보게, 아닌 게 아니라 괴상한 일이겠지. 만약 트로이아 목마(木馬) 안 전사들처럼 다수의 지각이 우리 안에 자리잡고 있는데 그것들이 어떤 하나의 형상(形相)[80]—그것을 혼이라고 불러야 하든 그 밖의 다른 것이라고 불러야 하든—으로 수렴되지 못한다면 말일세. 우리가 그것에 의해서 감각기관이라는 도구를 통해 모든 지각 대상을 지각할 수 있도록 말일세. d

테아이테토스 후자가 전자[81]보다 더 나은 것 같아요.

80 idea.

81 다수의 지각이 하나의 형상으로 수렴되지 않은 상태.

소크라테스 내가 이 문제를 꼼꼼하게 따지는 데는 이유가 있네.
나는 우리가 그것에 의해 눈을 통해서 흰 것과 검은 것을 지각
e 하고 다른 감각기관을 통해서 다른 것을 지각하는 것이 우리
내부의 어떤 동일한 부분인지 알고 싶은 걸세. 만약 자네가 그
런 질문을 받는다면 이 모든 활동을 몸과 관련지을 자신이 있
는가? 아마 내가 자네를 위해 말참견하는 것보다는 물음에 답
변함으로써 자네가 직접 말하는 편이 더 좋을 듯하네. 자, 말해
주게. 그것을 통해서 뜨거운 것, 딱딱한 것, 가벼운 것, 달콤한
것을 지각하는 모든 기관을 자네는 몸의 부분으로 분류하지 않
는가? 아니면 그것들은 다른 것의 부분인가?

테아이테토스 아니, 그것들은 몸의 부분입니다.

소크라테스 또한 자네는 한 능력에 의해서 지각하는 것은 다른
185a 능력에 의해서는 지각할 수 없다는 데에도 동의할 준비가 되어
있는가? 이를테면 청각의 대상은 시각의 대상일 수 없으며, 반
대로 시각의 대상은 청각의 대상일 수 없네.

테아이테토스 물론 동의할 준비가 되어 있습니다.

소크라테스 따라서 만약 양쪽 모두에 관련된 어떤 생각이 떠오른다면, 이 공통된 지각은 어느 하나의 감각기관이나 다른 감각기관을 통해서 생겨날 수 없네.

테아이테토스 생겨날 수 없고말고요.

소크라테스 소리와 색깔과 관련하여 자네는 먼저 이것들이 둘 다

존재한다고 생각하겠지?

테아이테토스 네, 저는 그렇다고 생각합니다.

소크라테스 또한 자네는 소리와 색깔이 각각 다른 것과는 다르지만 자신과는 같다고 생각하겠지?

테아이테토스 물론입니다. b

소크라테스 자네는 그것들이 합쳐서 둘이며, 각각은 하나라고도 생각하겠지?

테아이테토스 네, 저는 그렇다고도 생각합니다.

소크라테스 그러면 자네는 그것들이 서로 비슷한지 비슷하지 않은지 고찰할 수도 있겠구먼?

테아이테토스 그럴 수 있을 것 같습니다.

소크라테스 그런데 자네는 어떤 감각기관을 통해서 소리와 색깔에 관련된 이 모든 것을 생각하는가? 그것들이 공유하는 것을 청각을 통해서나 시각을 통해서 포착한다는 것은 불가능하기에 하는 말일세. 게다가 여기 내 논점을 위한 또 다른 증거가 있네. 만약 소리와 색깔이 짠지 짜지 않은지 고찰하는 것이 가능하다면, 자네는 분명 어떤 능력에 의해서 고찰할 수 있는지 말해 c
줄 수 있을 걸세. 그것은 시각도 청각도 아니고, 뭔가 다른 것일 걸세.

테아이테토스 다른 것이고말고요. 그것은 분명 혀를 통해서 발휘되는 능력일 테니까요.

소크라테스 좋은 말일세. 그런데 우리가 언급한 대상들을 포함하여 모든 것에 공통된 것을 자네에게 말해주는 그 능력은 어떤 감각기관을 통해서 발휘되는가? '존재한다' '존재하지 않는다'와 조금 전에 내가 질문을 제기했을 때 사용한 용어들로 자네가 의미하는 것이 무엇인가? 우리의 지각하는 부분이 어떤 감각기관에 의해서 그것들을 지각할 때, 자네는 이 모든 것에 어떤 감각기관을 배정할 것인가?

테아이테토스 선생님께서는 그런 것들에 적용된 존재함과 존재
하지 않음, 비슷함과 비슷하지 않음, 같음과 다름, 하나와 그 밖
의 다른 수를 말씀하시는 거로군요. 또한 짝수와 홀수와 그 밖
d 의 다른 수학적 개념도 질문하시는 게 분명합니다. 선생님의 질
문은 우리가 어떤 신체 기관을 통해서 그런 것들을 우리 혼에 의
해 지각하느냐는 것입니다.

소크라테스 테아이테토스, 자네 아주 잘 따라오는구먼. 바로 그게 내 질문의 요지일세.

테아이테토스 소크라테스 선생님, 솔직히 말해서 저는 마치 다른
것들을 위해 특수 기관이 존재하듯 이런 것들을 위해서도 특수
기관이 존재한다고 생각하는 것은 잘못이라는 말 외에는 할 말
e 이 없습니다. 그러나 제가 보기에 혼은 모든 것에 공통되는 것을
스스로를 통해서 고찰하는 것 같습니다.

소크라테스 테아이테토스, 자네야말로 아름다운 사람이고, 테오

도로스님의 말씀처럼 추하지 않네그려. 말 잘하는 사람이 아름답고 훌륭한 법이니까. 자네는 아름다울 뿐만 아니라 내게 호의를 베풀기까지 했네. 혼은 어떤 것들은 신체적 능력을 통해서 고찰하지만 다른 것들은 스스로를 통해서 고찰한다는 자네 의견이 기나긴 토론에서 나를 구해주었으니 말일세. 그게 내 생각이었으며, 나는 자네도 그렇게 생각하기를 원했다네.

테아이테토스 저는 정말로 그렇게 생각합니다. 186a

소크라테스 자네는 존재를 어떤 부류에 배정하는가? 존재야말로 만물의 주된 특징이기에 묻는 걸세.

테아이테토스 저는 존재를 혼이 스스로를 통해 파악하려고 하는 사물의 부류에 배정합니다.

소크라테스 비슷함과 비슷하지 않음, 같음과 다름의 경우도 마찬가지인가?

테아이테토스 네.

소크라테스 아름다움과 추함, 좋음과 나쁨의 경우는 어떤가?

테아이테토스 그것들 역시 혼이 그 존재를 상호관계 속에서 고찰하는 가장 좋은 본보기입니다. 여기서 혼은 자기 안에서 미래와 관련하여 과거와 현재를 헤아리는 것 같습니다. b

소크라테스 잠깐만. 혼이 딱딱한 것의 딱딱함이나 부드러운 것의 부드러움을 느끼는 것은 촉각을 통해서겠지?

테아이테토스 네.

소크라테스 이 둘의 존재나 이 둘의 상호 대립이나 상호 대립의 존재와 관련해서는 혼 자체가 그것들을 검토하고 서로 비교함으로써 우리를 위해 판단해주려 하네.

테아이테토스 물론입니다.

소크라테스 그렇다면 몸을 통해서 혼에 이르는 모든 경험은 인
c 간과 동물이 태어나는 순간부터 지각할 수 있지만, 이런 것들의 존재와 유용성에 관한 성찰은 만약 얻어질 수 있는 것이라면 오랫동안 애쓰고 교육을 받아야만 어렵게 얻어지는 것이 아닐까?

테아이테토스 전적으로 동의합니다.

소크라테스 그런데 존재도 파악하지 못하는 사람이 진리를 파악한다는 것이 가능할까?

테아이테토스 불가능합니다.

소크라테스 그리고 어떤 것의 진리를 파악하지 못하는 사람이 그것에 관한 지식을 구할 수 있을까?

d **테아이테토스** 어떻게 구할 수 있겠습니까, 소크라테스 선생님?

소크라테스 그렇다면 지식은 경험 속에 있는 것이 아니라 경험에 대한 추론 속에 있는 것일세. 추론에 의해서는 존재와 진리를 파악하는 것이 가능하지만, 경험에 의해서는 불가능한 것 같으니 말일세.[82]

테아이테토스 그런 것 같습니다.

소크라테스 그 둘 사이에는 그렇게 큰 차이가 나는데도 자네는

그 둘을 같은 이름으로 부를 텐가?

테아이테토스 그건 분명 옳지 못한 것 같습니다.

소크라테스 그렇다면 자네는 봄, 들음, 냄새 맡음, 차갑게 느낌, 뜨겁게 느낌 등을 포함하는 쪽에는 어떤 이름을 붙일 텐가?

테아이테토스 저는 지각함이라고 부르겠습니다. 달리 무슨 이름 e
을 붙일 수 있겠습니까?

소크라테스 그러면 자네는 그것을 지각이라고 통칭하는 겐가?

테아이테토스 당연하지요.

소크라테스 그런데 우리 주장에 따르면 지각은 진리를 파악하는 데 관여하지 않네. 그것은 존재를 파악하는 데 관여하지 않으니까.

테아이테토스 관여하지 않고말고요.

소크라테스 그렇다면 지각은 지식에도 관여하지 않네.

테아이테토스 관여하지 않아요.

소크라테스 그렇다면 테아이테토스, 지각과 지식은 같은 것일 수 없네.

테아이테토스 분명히 같은 것이 아닙니다, 소크라테스 선생님. 이제야 지각과 지식은 다르다는 것이 명명백백하게 밝혀졌군요.

82 이런 지식은 경험적 지식을 넘어서서 존재와 진리에 부합하는 엄격하고 참된 인식을 목표로 삼는다.

187a **소크라테스** 그러나 우리가 이 논의를 시작한 것은 지식은 무엇이 아닌지를 밝혀내기 위해서가 아니라, 지식이 무엇인지를 밝혀내기 위해서였네. 그렇지만 우리는 약간의 진전을 이루기는 했네. 이제 우리는 지각에서 지식을 찾는 것을 완전히 포기하고, 존재하는 것들에 혼이 스스로 몰입할 때의 혼의 활동을 무엇이라고 부르건 혼의 그런 활동에서 지식을 찾을 테니 말일세.

테아이테토스 소크라테스 선생님, 제 생각에 그런 활동은 '판단함'이라고 불리는 것 같습니다.

소크라테스 옳은 생각일세, 테아이테토스. 이제 처음부터 다시
b 시작하게. 우리가 앞서 말한 것을 모두 지워버리고, 자네가 이만큼 진전을 이룬 지금은 더 잘 보이는지 살펴보게나. 자, 지식이 무엇인지 다시 한번 말해보게.

2. 지식은 참된 판단이다 : 거짓된 판단의 모순들 (187b~201c)

테아이테토스 소크라테스 선생님, 모든 판단[83]이 지식이라고 말하는 것은 불가능합니다. 거짓된 판단도 있으니까요. 그러나 참된 판단은 지식이겠지요. 이것을 제 대답이라고 여기셔도 좋아요. 만약 논의가 진행되면서 이것이 지금과는 달리 오답으로 드러나면, 그때는 다른 대답을 찾아보겠습니다.

소크라테스 자네가 처음에 그랬듯이 대답하기를 망설이기보다는 이렇게 열성적으로 말해야 하네, 테아이테토스. 우리가 이렇게 행동하면, 우리가 추구하는 것을 찾게 되든가, 아니면 우리가 전혀 모르는 것을 안다고 생각하는 경향이 줄어들든가 둘 중 한 가지 일이 벌어질 테니 말일세. 사실 이것도 나쁘지 않은 보답이라고 할 수 있지. 그런데 지금 자네가 말하는 것은 무엇인가? 판단에는 참된 판단과 거짓된 판단 두 종류가 있는데, 자네는 지식을 참된 판단으로 정의한다는 말인가? c

테아이테토스 저는 그렇게 정의합니다. 지금 제게는 그렇게 보이니까요.

소크라테스 여기서 판단에 관한 논의[84]를 다시 시작하는 것이 보람된 일인지...

테아이테토스 무엇을 두고 그렇게 말씀하시는 건가요?

소크라테스 전에도 종종 그랬지만, 지금도 뭔가가 괴롭혀서 나는 혼자 성찰하거나 남과 대화할 때 몹시 난처해진다네. 나는 이 경험이 무엇이며, 어떻게 해서 생기는지 설명할 수 없으니까. d

테아이테토스 그게 어떤 경험이죠?

소크라테스 어떤 사람이 거짓된 판단을 하는 것 말일세. 우리가

83 doxa. 문맥에 따라 '의견'으로도 옮길 수 있다.

84 167a~b 참조.

이 문제를 제쳐두어야 할지, 아니면 조금 전과는 다른 방법으로 검토해야 할지 여전히 갈피를 못 잡겠구먼.

테아이테토스 당연히 검토해야겠지요, 소크라테스 선생님. 조금이라도 그럴 필요가 있다고 여겨진다면 말입니다. 선생님과 테오도로스님은 방금 여가에 관해 대화하시면서 이런 종류의 토론을 할 때는 서둘러서는 안 된다고 좋은 말씀을 해주셨잖아요.[85]

e **소크라테스** 제대로 일깨워주었네. 지금이야말로 우리가 온 길을 되돌아갈 때일세. 많은 일을 불만족스럽게 하는 것보다는 적은 일이라도 제대로 잘하는 것이 더 나으니까.

테아이테토스 물론입니다.

소크라테스 어떻게 시작할까? 우리가 말하는 것이 무엇인가? 매번 거짓된 판단을 할 수 있으므로 우리 가운데 누구는 거짓된 판단을 하고 누구는 참된 판단을 하는데, 사물의 본성상 그럴 수밖에 없다는 것이 우리의 주장인가?

테아이테토스 네, 그게 우리의 주장입니다.

188a **소크라테스** 그렇다면 사물 전체나 개별 사물과 관련하여 우리가 이를 알거나 알지 못한다는 것은 가능하지 않겠는가? 중간 단계인 배움과 잊음은 당장에는 우리 논의와 무관하므로 지금은 제쳐두어도 무방할 테니까.

테아이테토스 그럴 경우 소크라테스 선생님, 남은 가능성은 어떤 것을 알거나 아니면 알지 못하는 것뿐입니다.

소크라테스 그렇다면 판단하는 사람은 필연적으로 자기가 아는 것을 판단하거나 아니면 자기가 알지 못하는 것을 판단할 수밖에 없지 않을까?

테아이테토스 당연하지요.

소크라테스 또한 동일한 것을 알면서 알지 못한다거나 알지 못하면서 안다는 것은 불가능하네. b

테아이테토스 왜 아니겠습니까?

소크라테스 그렇다면 어떤 사람이 거짓된 판단을 할 때 그는 자기가 아는 것은 자기가 아는 다른 어떤 것이라고 생각할까? 그래서 그는 둘 다 알면서도 둘 다 알지 못하는 걸까?

테아이테토스 그건 불가능합니다, 소크라테스 선생님.

소크라테스 그렇다면 거짓된 판단을 하는 사람은 자기가 알지 못하는 것은 자기가 알지 못하는 다른 어떤 것이라고 생각할까? 이를테면 테아이테토스도 소크라테스도 알지 못하는 사람이 소크라테스는 테아이테토스라든가 아니면 테아이테토스는 소크라테스라는 생각을 할 수 있을까?

테아이테토스 그게 어떻게 가능하겠습니까? c

소크라테스 그는 분명 자기가 아는 것을 알지 못하는 것으로 여기거나, 자기가 알지 못하는 것을 아는 것으로 여길 수 없네.

85 154e, 172c~d 참조.

테아이테토스 그렇다면 그건 괴이한 일이겠지요.

소크라테스 그렇다면 거짓된 판단이 어떻게 가능하겠는가? 모든 것은 우리가 아는 것이거나 알지 못하는 것이므로 이것들 바깥에서 판단을 한다는 것은 불가능하고, 이것들 안에서는 거짓된 판단을 할 여지가 분명 어디에도 없으니 말일세.

테아이테토스 참으로 맞는 말씀입니다.

소크라테스 그렇다면 아는 것과 알지 못하는 것이 아니라 존재하
d 는 것과 존재하지 않는 것에 근거하여 우리가 구하는 바를 찾는 편이 더 낫지 않을까?

테아이테토스 무슨 말씀이신지요?

소크라테스 간단히 말해서 어떤 것에 대해 존재하지 않는 의견을 갖는 사람은 거짓된 판단을 하지 않을 수 없을 걸세. 그 밖의 다른 점에서는 그의 생각이 어떠하든 말이야.

테아이테토스 그런 것 같습니다, 소크라테스 선생님.

소크라테스 어떤가, 테아이테토스? 만약 우리에게 "하지만 그대가 말하는 것이 누구에게나 가능한가요? 그리하여 어떤 사람이든 특정한 의미나 절대적 의미의 사물과 관련하여 존재하지 않는 의견을 가질 수 있나요?"라고 누가 묻는다면 우리는 뭐라고 말할 텐가? 우리는 아마 이렇게 대답할 걸세. "그가 무엇인가를
e 생각하되 참이 아닌 것을 생각한다면 그럴 수 있지요." 아니면 우리는 어떻게 대답할 텐가?

테아이테토스 그렇게 대답하겠지요.

소크라테스 다른 경우에도 이런 것이 가능할까?

테아이테토스 어떤 것 말씀인가요?

소크라테스 어떤 사람이 무언가를 보면서도 아무것도 보지 않는 것 말일세.

테아이테토스 어떻게 그럴 수 있겠습니까?

소크라테스 어떤 사람이 어떤 것을 본다면 그는 존재하는 어떤 것을 보는 것일세. 아니면 자네는 어떤 것을 존재하지 않는 것들 사이에서 발견하리라고 생각하는가?

테아이테토스 그렇게 생각하지 않습니다.

소크라테스 그렇다면 어떤 것을 보는 사람은 존재하는 어떤 것을 보는 것일세.

테아이테토스 그런 것 같습니다.

소크라테스 그렇다면 어떤 것을 듣는 사람은 어떤 것을 듣는 것 189a
이며, 따라서 존재하는 것을 듣는 것일세.

테아이테토스 네.

소크라테스 또한 어떤 것을 만지는 사람은 어떤 것을 만지는 것이며, 그것이 하나라면 존재하는 하나를 만지는 것일세.

테아이테토스 그 또한 참입니다.

소크라테스 판단하는 사람은 어떤가? 그는 어떤 것을 판단하는 것이 아닐까?

테아이테토스 당연하지요.

소크라테스 그리고 어떤 것을 판단하는 사람은 존재하는 어떤 것을 판단하는 것이 아닐까?

테아이테토스 동의합니다.

소크라테스 그러면 존재하지 않는 것을 판단하는 사람은 아무것도 판단하지 않는 것일세.

테아이테토스 아무것도 판단하지 않는 것 같습니다.

소크라테스 그리고 아무것도 판단하지 않는 사람은 전혀 판단하지 않는 것일세.

테아이테토스 확실히 그런 것 같습니다.

b **소크라테스** 그렇다면 존재하지 않는 것을 판단한다는 것은 불가능하네. 존재하는 어떤 것과 관련해서든 아니면 절대적 의미에서든 말일세.

테아이테토스 불가능한 것 같습니다.

소크라테스 따라서 거짓된 판단을 하는 것은 존재하지 않는 것들을 판단하는 것과는 다른 것이네.

테아이테토스 다른 것인 듯합니다.

소크라테스 그렇다면 우리 안에 거짓된 판단은 없네. 지금 이 탐구 방법을 따르건 아니면 조금 전에 우리가 택한 탐구 방법을 따르건 말이야.

테아이테토스 없고말고요.

소크라테스 그렇다면 우리가 거짓된 판단이라고 부르는 것은 다음과 같이 생겨나는 것일까?

테아이테토스 어떻게 생겨난다는 거죠?

소크라테스 우리는 거짓된 판단은 일종의 판단 착오라고 말하는데, 그런 일은 어떤 사람이 존재하는 두 가지를 마음속으로 혼동하여 A를 B라고 우길 때 일어나네. 그러면 그는 언제나 존재하는 것을 판단하지만 A 대신 B를 판단하는 셈인데, 이런 식으로 과녁을 빗맞히는 것을 거짓된 판단이라고 불러도 잘못은 아닐 걸세. c

테아이테토스 이번에는 선생님께서 정곡을 찌르신 것 같아요. 어떤 사람이 아름다운 것 대신에 추한 것을 판단하거나 아니면 추한 것 대신에 아름다운 것을 판단할 때는, 참으로 거짓된 판단을 하는 것일 테니까요.

소크라테스 테아이테토스, 자네는 나를 얕잡아보고 두려워하지 않는 게 분명해.

테아이테토스 도대체 왜 그런 말씀을 하시는 거죠?

소크라테스 자네는 내가 자네의 '참으로 거짓된'이라는 표현을 공박하지 않으리라고 생각하는 것 같구먼. 어떤 것이 느리게 빠르거나 무겁게 가볍거나, 대립되는 다른 것이 자신의 본성이 아니라 자신과 대립되는 것의 본성에 따라 자신과 대립될 수 있는지 따지면서 말일세. 그러나 이 문제는 제쳐두겠네. 자네의 용기

d 가 헛되지 않기를 바라기 때문이지. 그러니까 자네는 거짓된 판단은 판단 착오라는 것에 만족한다는 말인가?

테아이테토스 네, 저는 만족합니다.

소크라테스 그러면 자네 판단에 따르면 마음은 A를 A가 아닌 B로 간주할 수 있겠구먼.

테아이테토스 그렇습니다.

소크라테스 누군가의 마음이 그렇게 할 때는 필시 둘 다를 생각하거나 둘 중 하나를 생각하지 않을까?

테아이테토스 당연하지요. 둘 다를 동시에 생각하거나 잇달아 생각할 겁니다.

e **소크라테스** 아주 좋아. 그런데 자네는 '생각'이라는 말을 나처럼 정의하는가?

테아이테토스 선생님께서는 어떻게 정의하시는데요?

소크라테스 무엇을 고찰하든 혼이 자신과 나누는 대화라고 정의하네. 명심해두게. 전문가로서 그렇게 주장하는 것이 아니라, 내 생각을 말하는 것뿐일세. 내가 보기에 혼이 생각한다는 것은 바로 혼이 스스로에게 묻고 대답하고 긍정하고 부정함으로써 자신과 대화하는 것일세. 그리고 혼이 오랫동안 깊이 생각한 끝에 또는 단번에 어떤 결론에 도달해서 더는 갈팡질팡하지 않고 같은 주장을 펼 때 우리는 그것을 혼의 판단이라고 부르네. 그래
190a 서 나는 판단하는 것을 대화하는 것이라 정의하고, 판단을 대화

라고 정의한다네. 큰 소리로 타인과 나누는 대화가 아니라 조용히 자신과 나누는 대화 말일세. 자네는 어떻게 정의하는가?

테아이테토스 저도 그렇게 정의합니다.

소크라테스 그러면 누가 A를 B라고 판단할 때는 분명 A를 B라고 자신에게 말하는 것일세.

테아이테토스 물론입니다.

소크라테스 그렇다면 자네가 "아름다운 것은 단연 추한 것이다" 또는 "불의한 것은 단연 정의로운 것이다"라고 자네 자신에게 말한 적이 있는지 기억해보게. 간단히 말해서, 자네가 A는 단연 B라고 자네 자신을 설득하려 한 적이 있는지 생각해보게. 오히 b
려 그와 정반대로 자네는, 홀수는 사실은 짝수라는 따위의 말은 꿈에서라도 감히 자네 자신에게 해본 적이 없었던 게 아닐까?

테아이테토스 맞는 말씀입니다.

소크라테스 그런데 자네는 다른 누군가가 정신이 온전하든 미쳤 c
든 "소는 말이다" 또는 "둘은 하나다"라고 자신에게 진지하게 말하며 자신을 설득하려 할 것이라고 생각하는가?

테아이테토스 제우스에 맹세코, 그렇게 생각하지 않습니다.

소크라테스 그러나 판단하는 것이 자신과 대화하는 것이라면, 두 사물을 말하고 판단하며 자신의 혼으로 두 사물을 모두 파악하는 사람은 어느 누구도 둘 중 하나가 둘 중 다른 것이라고 말하거나 판단할 수 없을 걸세. 이번에는 자네가 "둘 중 하나가 둘

중 다른 것이다”라는 내 말꼬리를 물고 늘어지지 않았으면 좋겠
d 네. 내 말은, 추한 것이 아름다운 것이라는 따위의 판단을 하는
사람은 아무도 없다는 뜻이니까.

테아이테토스 소크라테스 선생님, 물고 늘어지지 않을뿐더러 저는 선생님 말씀에 동의합니다.

소크라테스 따라서 두 사물을 모두 판단하는 사람이 둘 중 하나가 둘 중 다른 것이라고 판단하는 것은 불가능하네.

테아이테토스 그런 것 같습니다.

소크라테스 또한 둘 중 하나만 판단하고 다른 것은 전혀 판단하지 못하는 사람은 둘 중 하나가 둘 중 다른 것이라고 결코 판단하지 않을 걸세.

테아이테토스 맞는 말씀입니다. 아니라면 그는 자신이 판단하지 못하는 것도 파악하고 있어야 할 테니까요.

소크라테스 따라서 두 사물을 모두 판단하는 사람도 둘 중 하나
e 만 판단하는 사람도 판단 착오를 저지를 여지는 없네. 그러니 거
짓된 판단을 판단 착오로 정의하려는 사람은 무의미한 말을 하는 것일세. 이런 접근 방법은 우리가 앞서 시도한 접근 방법들만큼이나 우리 안에 거짓된 판단이 존재한다는 것을 밝히지 못했기 때문일세.

테아이테토스 그런 것 같습니다.

소크라테스 그렇지만 테아이테토스, 거짓된 판단이 존재하지 않

는 것으로 밝혀진다면 우리는 여러 불합리한 것을 인정해야 할 걸세.

테아이테토스 그게 어떤 것들인가요?

소크라테스 가능한 모든 접근 방법을 시도해보기 전에는 말하지 않겠네. 우리가 난관에 봉착했다고 내가 말하는 그런 불합리한 것들을 어쩔 수 없이 인정해야 한다면 그건 부끄러운 일일 테니까. 그러나 만약 우리가 구하던 것을 찾고 난관에서 벗어난다면, 그때는 비로소 우리가 웃음거리가 되는 데서 벗어나 남들이 191a
어째서 우리가 겪은 것과 똑같은 우스꽝스러운 처지에 놓이는지 말할 걸세. 하지만 난관에서 벗어날 길을 전혀 찾지 못한다면, 우리는 아마도 뱃멀미하는 사람들처럼 의기소침하여 우리를 짓밟으며 제멋대로 하라고 자신을 논의에 내맡길 걸세. 마침 우리가 탐구를 계속할 수 있는 방법을 찾아낸 것 같은데, 한번 들어보게.

테아이테토스 말씀하십시오.

소크라테스 어떤 사람이 자신이 알지 못하는 것을 자신이 아는 것으로 판단함으로써 거짓된 판단을 하는 것은 불가능하다는 데 동의했을 때, 나는 우리가 과오를 범한 것이라고 주장하려 b
하네. 오히려 어떤 방법으로는 그게 가능하다네.

테아이테토스 선생님께서는 앞서 우리가 그것은 불가능하다고 말했을 때 제 마음속에 떠올랐던 것을 말씀하시는 건가요? 그때 저는 소크라테스가 누구인지 알지만 제가 알지 못하는 다른 사람을 멀리서 보고는 그를 제가 아는 소크라테스로 여길 때도 더러 있을 것이라는 생각이 떠올랐거든요. 이런 경우에는 거짓된 판단을 할 수 있을 테니까요.

소크라테스 우리가 그것을 배제한 이유는 그런 것은 우리가 아는 것을 알면서도 알지 못하게 하기 때문이었네. 그렇지 않은가?

테아이테토스 물론입니다.

소크라테스 그렇다면 그렇게 가정하지 말고 이렇게 가정하세. 그
c 것은 우리에게 도움이 될 수도 있고, 장애물이 될 수도 있을 걸세. 그래도 난관에 봉착해 있는 우리는 온갖 논리를 이리저리 돌려가며 온갖 각도에서 시험해보지 않을 수 없네. 내가 하는 말에 의미가 있는지 살펴보게. 누군가 전에 알지 못한 것을 나중에 배울 수 있는가?

테아이테토스 배울 수 있습니다.

소크라테스 다른 것도 차례차례 배울 수 있겠지?

테아이테토스 물론입니다.

소크라테스 그렇다면 논의를 위해 우리 마음속에는 밀랍 서판(書板)이 있는데, 사람에 따라 더 크기도 하고 더 작기도 하며, 더 순수하기도 하고 더 불순하기도 하며, 더 단단하기도 하고
d 더 무르기도 하지만 어떤 사람들의 경우에는 알맞은 상태에 있다고 가정해보게.

테아이테토스 그렇게 가정하겠습니다.

소크라테스 그리고 이 밀랍 서판은 무사[86] 여신들의 어머니인 므네모쉬네[87]가 준 선물이며, 우리가 보았거나 들었거나 마음속으로 생각했던 것을 기억하고 싶으면 밀랍 서판을 지각이나 생각들 밑에다 대고 그것들을 거기에 각인한다고 말하기로 하세. 마치 인장 반지로 날인하듯이 말일세. 그리고 각인된 것은 그것의 상(像)이 존속하는 동안에는 우리가 기억하고 알지만, 지워지거나 각인될 수 없는 것은 우리가 잊어버리고 알지 못한다고 말하기로 하세. e

테아이테토스 그렇다고 가정해요.

소크라테스 그러면 사물을 이런 식으로 아는 사람이 자기가 보거나 듣는 것 가운데 어떤 것을 고찰한다고 생각해보게. 그는 다음과 같은 방법으로 거짓된 판단을 할 수 있지 않을까도 살펴보게.

테아이테토스 그게 어떤 방법이죠?

소크라테스 자신이 아는 것을 어떤 때는 자신이 아는 것이라고 생각하고 어떤 때는 자신이 알지 못하는 것이라고 생각함으로써 말일세. 우리는 앞서 그런 것은 불가능하다는 데 동의했지만, 그것은 잘못 동의한 것이기에 하는 말일세.

86 Mousa. 시가(詩歌)의 여신.

87 Mnemosyne. 기억의 여신.

테아이테토스 지금 무슨 말씀이신지요?

소크라테스 우리는 이렇게 구별함으로써 논의를 시작해야 하네. ①어떤 사람이 A를 알고는 있지만(다시 말해 혼이 그것에 대한 기억을 간직하고는 있지만) 지각하지 못한다면, 역시 알고는 있지만(다시 말해 기억을 간직하고는 있지만) 역시 지각하지 못하는 B와 혼동한다는 것은 불가능하네. ②어떤 사람이 A를 알고
192a 있다면 그것을 그가 알지 못하는(다시 말해 각인된 상이 남아 있지 않은) B와 혼동한다는 것은 불가능하네. ③어떤 사람이 A를 알지 못한다면 역시 그가 알지 못하는 B와 혼동한다는 것은 불가능하네. ④어떤 사람이 A를 알지 못한다면 그가 알고 있는 B와 혼동한다는 것은 불가능하네. ⑤어떤 사람이 A를 지각한다면 역시 그가 지각하는 B와 혼동한다는 것은 불가능하네. ⑥어떤 사람이 A를 지각한다면 그가 지각하지 못하는 B와 혼동한다는 것은 불가능하네. ⑦어떤 사람이 A를 지각하지 못한다면 역시 그가 지각하지 못하는 B와 혼동한다는 것은 불가능하네. ⑧어떤 사람이 A를 지각하지 못한다면 그가 지각하는 B와 혼동한다는 것은 불가능하네. ⑨어떤 사람이 누가 A를 알고 있고 지각
b 한다면(다시 말해 그것의 기억이 남아 있고 그 기억이 지각과 일치한다면) 역시 그가 알고 있고 지각하는(다시 말해 그것의 기억이 남아 있고 그 기억이 지각과 일치하는) B와 혼동한다는 것은 불가능하네. 이것은 앞의 경우들보다 더더욱 불가능하네. 불

가능에도 정도가 있다고 한다면 말이야. ⑩어떤 사람이 A를 알고 있고 지각한다면(다시 말해 제대로 기억을 간직하고 있다면) 그가 알고 있는 B와 혼동한다는 것은 불가능하네. ⑪어떤 사람이 A를 알고 있고 지각한다면(다시 말해 기억이 앞서 말한 것과 같은 상태에 있다면) 그가 지각하는 B와 혼동한다는 것은 불가능하네. ⑫어떤 사람이 A를 알지 못하고 지각하지 못한다면 역시 그가 알지 못하고 지각하지 못하는 B와 혼동한다는 것은 불가능하네. ⑬어떤 사람이 A를 알지 못하고 지각하지 못한다면 그가 알지 못하는 B와 혼동한다는 것은 불가능하네. ⑭어떤 사 c
람이 A를 알지 못하고 지각하지 못한다면 그가 지각하지 못하는 B와 혼동한다는 것은 불가능하네.

이 모든 경우 거짓된 판단을 한다는 것은 전혀 불가능하네. 그렇지만 거짓된 판단을 할 수 있는 경우들이 남아 있네. 어디엔가 그런 일이 일어날 수 있다면 말일세.

테아이테토스 그게 어떤 경우들이죠? 말씀해주시면 제가 좀 더 잘 이해할 수 있겠지요. 지금은 제가 따라가지 못하겠어요.

소크라테스 ⑮어떤 사람이 A를 알고 있다면 그가 알고 있고 지각하는 B와 혼동할 수 있네. ⑯어떤 사람이 A를 알고 있다면 그가 알지는 못하지만 지각하는 B와 혼동할 수 있네. ⑰어떤 사람이 A를 알고 있고 지각한다면 역시 그가 알고 있고 역시 지각하는 B와 혼동할 수 있네.

d **테아이테토스** 이번에는 아까보다 더 못 따라가겠어요.

소크라테스 다시 설명할 테니 들어보게. 나는 테오도로스님을 알고 있고 그분이 어떤 사람인지 마음속으로 기억하고 있으며, 마찬가지로 나는 테아이테토스도 알고 있네. 그러나 나는 그대들을 어떤 때는 보고 어떤 때는 보지 못하며, 어떤 때는 만지고 어떤 때는 만지지 못하며, 어떤 때는 듣거나 다른 감각기관을 통해 지각하고 어떤 때는 그대들을 전혀 지각하지 못하네. 그럼에도 나는 그대들을 기억하고 마음속으로 그대들을 알고 있네. 그렇지 않은가?

e **테아이테토스** 물론입니다.

소크라테스 그렇다면 알아두게. 내가 분명히 해두고 싶은 첫 번째 논점은 바로 어떤 사람이 알고 있는 것을 지각할 수도 있고 지각하지 못할 수도 있다는 것일세.

테아이테토스 맞습니다.

소크라테스 어떤 사람이 알지 못하는 것도 마찬가지가 아닐까? 그는 지각조차 못하는 때가 있는가 하면 단지 지각만 하는 때도 있지 않을까?

테아이테토스 그 역시 가능합니다.

소크라테스 이번에는 자네가 더 잘 따라올 수 있겠는지 살펴보
193a 게. 소크라테스가 테오도로스와 테아이테토스를 알고 있지만 두 사람 가운데 어느 누구도 보지 못하거나 다른 방법으로 지각

하지 못한다면 그는 테아이테토스가 테오도로스라고 마음속으로 판단하지 못할 걸세. 맞는 말인가, 아니면 틀린 말인가?

테아이테토스 아니, 맞는 말씀입니다.

소크라테스 이것이 내가 말한 첫 번째 경우일세.

테아이테토스 그렇습니다.

소크라테스 두 번째 경우는 내가 그대들 가운데 한 사람은 알지만 다른 사람은 알지 못하고 그대들 가운데 어느 누구도 지각하지 못한다면, 나는 내가 알고 있는 사람을 내가 알지 못하는 사람과 혼동할 수 없다는 것이었네.

테아이테토스 옳은 말씀입니다.

소크라테스 그리고 세 번째 경우는 내가 그대들 가운데 어느 누 b
구도 알지 못하고 어느 누구도 지각하지 못한다면 두 사람 가운데 내가 알지 못하는 사람을 역시 내가 알지 못하는 다른 사람과 혼동할 수 없다는 것이었네. 또한 내가 그대들 두 사람을 모두 알든 아니면 모두 알지 못하든, 또는 내가 한 사람은 알고 다른 사람은 알지 못하든 내가 자네와 테오도로스에 관해 결코 거짓된 판단을 할 수 없는 다른 경우들을 일일이 다시 열거하는 것을 들었다고 생각하게. '알다'를 '지각하다'로 바꾸어놓더라도 그 점은 마찬가지일세. 따라오겠는가?

테아이테토스 따라가고 있습니다.

소크라테스 그러면 우리가 거짓된 판단을 할 가능성이 남아 있

는 것은 다음과 같은 경우일세.[88] 이를테면 나는 자네와 테오도
로스님을 알고 있고 마치 그대들이 인장 반지인 양 그대들 두 사
c 람의 표지를 저 가상의 밀랍 서판에 간직하고 있네. 그리고 나는
그대들 두 사람을 멀리서 흐릿하게 보며 그대들을 알아보고 싶
어서 각자의 고유한 표지를 각자의 고유한 외관에 배정하며, 말
하자면 그 외관을 그 자체의 자국에 끼워 맞추려고 서두르다 실
수하여 왼쪽과 오른쪽 구두를 바꿔 신은 사람처럼 한 사람의 외
관을 다른 사람의 표지에다 맞춘다네. 내 실수는 왼쪽과 오른쪽
이 뒤바뀐 거울상을 보는 것에 비유될 수도 있을 걸세. 그래서
d 이럴 때 판단 착오를 하고 거짓 판단을 한다네.

테아이테토스 소크라테스 선생님, 아닌 게 아니라 그런 것 같아요. 선생님께서는 판단에 관해 놀랍도록 훌륭하게 설명하셨습니다.

소크라테스 그러나 이게 전부가 아닐세. 내가 그대들 두 사람을 알고 있을뿐더러 한 사람은 지각하지만 다른 사람은 지각하지 못하는데, 다른 사람에 관한 내 지식이 내 지각과 일치하지 않을 때도 거짓된 판단을 하게 되네.[89] 나는 조금 전에도 그런 경우를 그렇게 표현했지만 그때는 자네가 내 말을 이해하지 못했지.

테아이테토스 네, 이해하지 못했습니다.

소크라테스 그때 내 말뜻은, 어떤 사람이 A를 알고 있고 지각하는데 A에 관한 지식이 지각과 일치한다면, 그는 A를 역시 그가

알고 있고 지각하는데 그것에 관한 지식이 지각과 일치하는 B 와는 결코 혼동하지 않으리라는 것이었네.[90] 내 말뜻이 그런 게 아니었던가? e

테아이테토스 네, 그런 것이었습니다.

소크라테스 그러나 우리가 거짓된 판단을 하게 된다고 내가 방금 말한 경우는 빠져 있네. 어떤 사람이 A와 B를 모두 알고 있고 A와 B를 모두 보거나 다른 방법으로 지각하지만 각자의 표지가 그것에 대한 지각과 일치하지 않을 경우 말일세. 그것은 서투른 궁수(弓手)가 쏜 화살이 과녁에서 벗어나 빗맞는 것과도 같은데, 194a
그런 빗맞음이 바로 '실수' 또는 '거짓'이라네.

테아이테토스 당연하지요.

소크라테스 그리고 표지 중 하나에 속하는 지각은 있지만 다른 것에 속하는 지각은 없는데, 없는 지각에 속하는 표지를 있는 지각에 맞춘다면, 이런 경우에는 생각이 언제나 기만당한다네. 한마디로 만약 우리의 주장이 건전한 것이라면, 알지 못하고 지각하지 못한 것들과 관련해서는 기만당하는 것도 거짓 판단을 하는 것도 불가능해 보이네. 그러나 우리가 알고 있고 지각하는

88 ⑰ 참조.

89 ⑮ 참조.

90 ⑨ 참조.

것들과 관련해서는 판단이 뒤틀리며 빙빙 돌다가 참된 것이 되거나 거짓된 것이 되는데, 판단이 인상들을 제 자국에 똑바로
b 갖다 대면 참된 것이 되고, 판단이 인상들을 제 것이 아닌 자국에 비스듬히 갖다 대면 거짓된 것이 된다네.

테아이테토스 소크라테스 선생님, 정말로 훌륭한 설명입니다. 그렇지 않습니까?

c **소크라테스** 내가 지금 하려는 말을 듣고 나면 자네는 더욱더 그렇게 말하고 싶어질 걸세. 참된 판단을 하는 것은 좋은 일이고, 거짓된 판단을 하는 것은 창피한 일이니까.

테아이테토스 왜 아니겠습니까?

소크라테스 그리고 그 이유는 이렇다고 하네. 누군가의 혼 안에 있는 밀랍이 두껍고 많고 부드럽고 적당히 반죽이 되어 있으면 지각을 통해서 들어오는 상(像)들은 혼의 이 심장에 각인되네 (호메로스의 '심장'이라는 말은 '밀랍'과의 유사성을 암시한다네).[91] 아무튼 밀랍이 그런 상태에 있는 사람들은 각인된 표지들
d 이 깨끗하고 충분한 두께를 지니고 있어 오래간다네. 그래서 그런 사람들은 첫째, 쉽게 배우고, 둘째, 기억력이 좋으며, 셋째, 지각의 표지들을 혼동하지 않으므로 참된 판단을 하네. 그런 사람들은 표지들이 선명하고 사이가 넓어서 존재하는 모든 것을 그것이 속하는 표지들에 신속하게 배정하기 때문이지. 그래서 그런 사람들은 현인(賢人)이라고 불린다네. 자네는 동의하지 않

는가?

테아이테토스 전적으로 동의합니다.

소크라테스 그러나 누군가의 심장에 털이 나 있거나(만사에 지 e
혜로운 시인은 그런 상태를 칭찬하셨네)[92] 심장이 불결하거나 순수하지 못한 밀랍으로 되어 있거나 너무 무르거나 너무 딱딱할 때는 어떨까? 밀랍이 무른 사람들은 쉽게 배우지만 잘 잊어버리고, 밀랍이 딱딱한 사람들은 그 반대일 걸세. 그리고 속에 있는 밀랍이 털북숭이이고 울퉁불퉁하고 돌덩이 같고 흙과 오물 범벅인 사람들이 받는 표지들은 선명하지 못하네. 밀랍이 딱
딱한 사람들이 받는 표지들도 선명하지 못한데, 그 표지들에는 195a
두께가 없기 때문이지. 부드러운 밀랍이 받는 표지들 역시 선명하지 못하네. 금세 녹아 흐릿해지니 말이야. 그 밖에도 좁고 하찮은 혼 안에 공간이 부족하여 서로 포개져 있으면 표지들은 더욱더 불명확해지네. 그래서 이런 사람들은 모두 거짓된 판단을 하기 쉽네. 그들이 무엇을 보거나 듣거나 생각할 때 그것을 그것의 고유한 표지들에 재빨리 배정하지 못하기 때문이지. 그래서 그들은 굼뜨기도 하고 사물을 엉뚱한 표지들에 배정하기도 하

91 호메로스의 작품에서 '심장'을 의미하는 ker는 '밀랍'을 뜻하는 그리스어 keros와 비슷하다.

92 『일리아스』 2권 851행. 호메로스는 '그런 상태'를 용맹의 상징으로 보고 있다.

는지라 대개 잘못 보고 잘못 들으며 잘못 생각한다네. 따라서 이런 사람들은 존재하는 것들에 관해 거짓된 판단을 하는 무지한 자들이라고 불리지.

b **테아이테토스** 소크라테스 선생님, 참으로 옳은 말씀입니다.

소크라테스 그렇다면 거짓된 판단들은 우리 안에 있다고 말할까?

테아이테토스 당연하지요.

소크라테스 참된 판단들도?

테아이테토스 네, 참된 판단들도요.

소크라테스 이제야 우리는 분명 이런 두 판단이 존재한다는 만족스러운 합의를 이끌어낸 것 같네.

테아이테토스 그렇습니다.

소크라테스 그런데 테아이테토스, 수다쟁이는 정말로 무섭고 불쾌한 존재인 것 같네.

테아이테토스 뭐라고요? 왜 그런 말씀을 하시는 거죠?

c **소크라테스** 나 자신의 아둔함과 수다스러움이 마뜩잖아서 하는 말일세. 정말이지 어떤 사람이 아둔해서 말귀를 알아듣지 못하고 논의를 이리저리 끌고 다니고 무슨 논의에든 집요하게 매달릴 때, 자네는 그것을 달리 뭐라고 부를 수 있겠는가?

테아이테토스 하지만 특히 어떤 점이 마뜩잖습니까?

소크라테스 나는 마뜩잖기만 한 것이 아니라 내게 이렇게 묻는 사람이 있다면 뭐라고 대답해야 할지 두렵기까지 하다네. "그렇다면 소크라테스, 당신은 거짓된 판단이 지각끼리의 관계나 생각끼리의 관계로 존재하는 것이 아니라, 지각과 생각의 결합으로 존재한다는 것을 발견하셨소?" 나는 아마도 "그렇소"라고 말하며 무슨 대단한 것이라도 발견한 듯이 우쭐대겠지. d

테아이테토스 소크라테스 선생님, 제가 보기에 선생님께서 방금 보여주신 것은 결코 수치스러운 게 아닌 것 같은데요.

소크라테스 "그렇다면" 하고 그는 말을 이을 걸세. "우리가 생각만 하고 보지는 못하는 사람을 역시 우리가 생각만 하고 보거나 만지거나 다른 방법으로 지각하지 못하는 말〔馬〕과 혼동할 수 없다는 것이 당신의 주장 아닌가요?" 나는 아마 그게 내 주장이라고 말할 걸세.

테아이테토스 그러시는 것이 옳겠지요.

소크라테스 "어떤가요?" 하고 그는 말을 이을 걸세. "당신 논리 e
에 따르면 우리가 생각만 하는 11이라는 수를 역시 우리가 생각만 하는 12라는 수와 혼동하는 일은 결코 없겠군요?" 자, 테아이테토스, 자네가 대답해보게.

테아이테토스 제 대답은 어떤 사람이 보거나 만지거나 하는 11을 12라고 생각할 수는 있어도 그가 마음속에 갖고 있는 11과 관련해서 그런 판단을 하는 것은 있을 수 없다는 것입니다.

소크라테스 어떤가? 자네는 누가 마음속으로 5와 7을 고찰한 적

196a 이 있을 거라고 생각하는가? 5명과 7명 같은 것이 아니라, 우리가 밀랍 서판에 찍힌 기억 자국이라고 말하고 거짓된 판단의 대상이 될 수 없다고 주장하는 5와 7 자체 말일세. 그가 그것들에 관해 자신과 대화하며 그것들을 합하면 얼마인지 자신에게 묻는다고 가정해보게. 그럴 경우 자네는 어떤 사람은 그것들은 11이라고 생각하기도 하고 말하기도 하는가 하면, 다른 사람은 12라고 생각하기도 하고 말하기도 하리라고 생각하는가? 아니면 모든 사람이 12라고 말하고 12라고 생각할까?

b **테아이테토스** 제우스에 맹세코, 그렇지 않습니다. 많은 사람이 그것들은 11이라고 생각할 걸요. 그리고 더 큰 수를 고찰하다 보면 실수할 가능성이 더 높아요. 선생님께서 수에 관해 말씀하시는 것 같아서 드리는 말씀입니다.

소크라테스 옳은 말일세. 그런데 자네는 이런 상황에서 일어나는 일은 정확히 누군가 밀랍 서판 속의 12를 11과 혼동하는 것이라고 생각하지 않는가?

테아이테토스 그런 것 같습니다.

소크라테스 그렇다면 우리는 애초의 논의로 되돌아간 것 아닌가?[93] 누구한테 이런 일이 일어난다면 그는 자기가 알고 있는 어떤 것을 자기가 알고 있는 다른 것이라고 생각하는 거니까. 그런데 우리는 이것이 불가능하다고 말했고, 그래서 거짓된 판단 같
c 은 것은 있을 수 없다는 결론을 내리지 않을 수 없었네. 그러지

않으면 같은 사람이 같은 것을 동시에 알기도 하고 알지 못하기도 해야 할 테니까.

테아이테토스 참으로 맞는 말씀입니다.

소크라테스 그렇다면 우리는 거짓된 판단은 생각과 지각의 혼동이라는 주장을 버려야 하네. 거짓된 판단이 그런 것이라면 우리가 추상적 사고와 관련하여 실수하는 일은 있을 수 없으니까. 그러니 거짓된 판단 같은 것은 없거나, 아니면 어떤 사람이 알고 있는 것을 알지 못한다는 것은 불가능하네. 자네는 이 둘 중 어느 쪽을 택할 텐가?

테아이테토스 어려운 선택을 하라고 하시는군요, 소크라테스 선생님.

소크라테스 그리고 우리의 논의는 양쪽 다 허락하지 않을 성싶 d
네. 그러나 우리는 어떤 모험도 불사해야 하는 만큼 염치없는 짓을 한번 해보면 어떨까?

테아이테토스 그게 뭐죠?

소크라테스 안다는 것이 도대체 무엇인지 말하려 하는 것 말일세.

테아이테토스 그게 왜 염치없는 짓인가요?

소크라테스 자네는 기억나지 않나 본데, 우리의 논의는 처음부

93 188b 참조.

터 지식에 대한 탐구였네. 우리는 지식이 무엇인지 알지 못하니까.

테아이테토스 기억납니다.

소크라테스 우리가 지식이 무엇인지 알지도 못하면서 안다는 것이 무엇인지 설명한다면 자네는 이것이야말로 염치없는 짓이라
e 고 생각하지 않는가? 한데 실은 테아이테토스, 우리의 대화는 아까부터 불순물로 오염되어 있었네. 우리는 셀 수 없을 만큼 여러 번 '우리는 알고 있다' '우리는 알지 못한다' '우리는 지식을 갖고 있다' '우리는 지식을 갖고 있지 못하다'고 말했으니까. 마치 지식이 무엇인지 아직 몰라도 우리가 서로에게 말하는 것은 무엇이든 이해할 수 있는 것처럼 말일세. 원한다면 다른 예를 들어볼까? 방금도 우리는 '무식하다'거나 '이해하다'라는 낱말들을 사용했네. 우리에게 지식이 없어도 그런 낱말들을 사용할 권리가 있는 것처럼 말일세.

테아이테토스 그렇지만 소크라테스 선생님, 그런 낱말들을 멀리하신다면 대화는 어떻게 하시려고요?

197a **소크라테스** 나 같은 사람이야 대화할 수 없겠지. 그러나 내가 궤변가라면 할 수 있을 걸세. 그런 사람이 지금 이 자리에 있다면 그런 낱말들을 삼가라고 요구하며 내가 언급한 실수들을 저지른다고 우리를 심하게 나무랐을 거라는 말일세. 그렇지만 우리는 보잘것없는 사람들이니까 자네는 내가 용기를 내어 안다는

것이 무엇인지 말해주기를 바라는가? 내가 보기에 그러는 것이 조금은 보탬이 될 것 같아서 하는 말일세.

테아이테토스 제발 용기를 내십시오. 선생님께서 그런 낱말들을 삼가지 않으셔도 우리는 타박하지 않을 테니까요.

소크라테스 그렇다면 자네는 사람들이 안다는 것을 요즘 무엇이라고 말하는지 들어본 적은 있는가?

테아이테토스 들어본 것 같기는 한데, 당장에는 기억이 나지 않습니다.

소크라테스 사람들은 안다는 것을 '지식을 갖고 있는 것'[94]이라 b
고 말하는 것 같네.

테아이테토스 맞습니다.

소크라테스 우리는 그것을 조금 바꿔서 '지식의 소유'[95]라고 말하기로 하세.

테아이테토스 선생님께서는 둘 사이에 어떤 차이가 있다고 말씀하시겠어요?

소크라테스 차이가 없을지도 모르지. 하지만 내가 차이라고 생각하는 것을 말할 테니 듣고 나서 함께 검토해보세.

테아이테토스 그럴 수 있다면요.

94 epistemes hexis.

95 epistemes ktesis.

소크라테스 내가 보기에 '갖고 있는 것'은 '소유하는 것'과 같은 것이 아닌 듯하네. 예컨대 어떤 사람이 외투를 사서 차지하고는 있지만 입고 있지 않다면, 우리는 그가 외투를 갖고 있는 것이 아니라 소유하고 있다고 말해야 하네.

테아이테토스 옳은 말씀입니다.

c **소크라테스** 지식도 그처럼 소유는 하되 갖지는 않을 수 있는지 살펴보게. 예컨대 어떤 사람이 비둘기 같은 들새들을 잡은 뒤 집에 새장을 만들어 거기에다 키운다고 생각해보게. 그러면 우리는 그가 그 들새들을 소유하고 있으므로 어떤 의미에서는 늘 갖고 있는 것이라고 말할 수 있을 걸세. 그렇지 않은가?

테아이테토스 네, 그렇습니다.

소크라테스 그러나 다른 의미에서는 그는 그것들을 한 마리도 갖고 있지 않네. 가질 수는 있지만 말일세. 들새들은 그의 울타리에 갇혀 그의 수중에 있는 셈이니까. 그는 들새들을 아무 녀석이
d 나 아무 때나 사냥할 수 있고, 마음 내킬 때마다 그것을 가지기도 하고 다시 놓아주기도 할 수 있다는 말일세. 또한 그는 원할 때는 언제고 그럴 수 있네.

테아이테토스 그렇습니다.

소크라테스 그렇다면 조금 전에 우리가 혼 안에 일종의 밀랍 서판을 만들었던 것처럼 이번에도 각각의 혼 안에 온갖 새를 위해 새장을 만들어보세. 어떤 새들은 따로 떼를 짓고, 어떤 새들은

작은 집단을 이루고, 어떤 새들은 모든 새들 사이를 홀로 이리저리 아무 데고 날아다니네.

테아이테토스 그런 새장이 만들어졌다고 치고, 그다음은 뭐죠? e

소크라테스 우리가 어린아이일 때는 이 그릇이 비어 있다고 말해야 하며, 새들은 여러 지식이라고 생각해야 하네. 그리고 누가 어떤 종류의 지식을 습득해서 울타리 안에 가두건 우리는 그가 그 지식과 관련된 사물을 배웠거나 발견했다고 말해야 하며, 또한 안다는 것은 그런 것이라고 말해야 하네.

테아이테토스 그렇다고 해두죠.

소크라테스 그러면 원하는 지식을 사냥해서 붙잡아 갖고 있다가 198a
도로 놓아주는 과정에 대해서는 어떤 이름들이 필요하겠는지 생각해보게. 처음에 지식을 습득했을 때와 같은 이름들이 필요한지, 아니면 다른 이름들이 필요한지 생각해보라는 말일세. 내가 예를 들어 설명하면 자네가 더 잘 이해할 걸세. 자네는 산술이라는 기술이 있다고 말하는가?

테아이테토스 네.

소크라테스 그러면 산술을 모든 홀수와 짝수에 관한 지식들의 사냥이라고 생각해보게.

테아이테토스 그러겠습니다.

소크라테스 내 생각에, 어떤 사람이 수에 관한 지식을 손안에 갖
고 있는 것도, 남에게 그 지식을 넘겨줄 수 있는 것도 이 기술 덕 b

분인 듯하네.

테아이테토스 네.

소크라테스 그리고 우리는 지식을 넘겨주는 것을 '가르치는 것'이라 부르고, 넘겨받는 것을 '배우는 것'이라 부르며, 저 가상의 새장 안에 소유함으로써 갖고 있는 것을 '아는 것'이라 부르네.

테아이테토스 물론입니다.

소크라테스 그렇다면 그다음 단계에 유의하게나. 완벽한 수학자라면 모든 수를 알고 있지 않을까? 모든 수에 관한 지식이 그의 혼 안에 들어 있으니까.

테아이테토스 물론입니다.

c **소크라테스** 그런 사람은 계산할 수 있을 걸세. 머릿속에 있는 수들 자체건, 아니면 수를 가진 외부 대상들이건 말이야.

테아이테토스 왜 아니겠습니까?

소크라테스 그런데 계산한다는 것은 바로 어떤 수가 실제로 얼마나 많은지 고찰하는 것일세. 그렇지 않은가?

테아이테토스 그렇습니다.

소크라테스 그렇다면 모든 수를 안다고 우리가 동의한 사람은 자신이 아는 것을 마치 알지 못하는 것처럼 고찰할 것이네. 자네는 분명 그런 종류의 논쟁거리[96]를 가끔 들어봤을 걸세.

테아이테토스 네, 들어봤습니다.

d **소크라테스** 그러면 우리는 비둘기들의 소유와 사냥의 비유를 이

용해서 사냥에는 두 가지가 있다는 것을 설명할 수 있을 걸세. 하나는 소유하기 전에 소유하기 위해서 하는 사냥이고, 다른 하나는 소유한 뒤에 이미 소유한 것을 붙잡아서 손안에 갖기 위해 하는 사냥일세. 그와 마찬가지로 자네가 배운 것들에 관한 지식을 오래전부터 소유하고 있었고 알고 있었다 해도 그것을 다시 배울 수 있네. 전에 습득했지만 당장에는 생각나지 않는 각각의 지식을 붙잡아서 갖는다는 의미에서 말일세. 그렇지 않은가?

테아이테토스 맞습니다.

소크라테스 그러면 내 질문의 요지는 수학자가 계산을 하려 하거 e
나 문자를 아는 사람이 무엇인가를 읽으려 할 때 우리는 그런 것을 무엇이라고 불러야 하느냐는 것이었네. 그런 경우 우리는 그가 알면서도 자기가 아는 것을 자기한테 다시 배우려 한다고 말해야 하는가?

테아이테토스 하지만 그건 이상하게 들려요, 소크라테스 선생님.

소크라테스 그러면 우리는 그가 모든 수 또는 모든 문자를 안다
고 인정해놓고 그가 알지 못하는 것을 읽거나 계산하려 한다고 199a
말해야 하는가?

테아이테토스 그 역시 불합리합니다.

소크라테스 그렇다면 자네는 '아는 것'과 '배우는 것'이라는 낱

96 이에 관해서는 『메논』 80d~e 참조.

말들을 제멋대로 이리저리 끌고 다니는 사람이 있다면, 우리는 그가 용어 따위에는 관심이 없다고 말했으면 좋겠는가? 그러나 우리는 지식을 소유하는 것과 지식을 갖는 것은 별개의 것이라고 구분했으니, 소유한 것을 소유하지 않는 것은 불가능하며 따라서 누가 알고 있는 것을 알지 못하는 일은 일어날 수 없지만, 알고 있는 것에 관해 거짓된 판단을 하는 것은 가능하다고 말할
b 까? 그것에 관한 지식은 갖지 못하고 엉뚱한 것에 관한 지식을 가질 수 있으니 말일세. 주위로 날아다니는 지식 가운데 특정 지식을 사냥하다가 실수로 엉뚱한 지식을 붙잡는 사람이 있다고 가정해보게. 그런 경우가 바로 마치 비둘기 대신 산비둘기를 붙잡듯이 그가 12에 관한 지식 대신 자신 안에 있는 11에 관한 지식을 붙잡은 까닭에 11이 12라고 생각할 때일세.

테아이테토스 일리 있는 말씀입니다.

소크라테스 그러나 그가 붙잡으려던 지식을 붙잡을 때 우리는 그가 실수하지 않고 참된 판단을 한다고 말할 걸세. 이렇게 해서
c 참된 판단도 거짓된 판단도 존재하는 것이며, 우리를 괴롭히던 장애물들은 제거되었네. 자네는 아마 동의하겠지? 아니면 동의하지 않을 텐가?

테아이테토스 동의합니다.

소크라테스 그럴 테지. 우리는 알고 있는 것을 알지 못한다는 난관을 극복했으니 말일세. 소유한 것을 소유하지 못하는 일은

우리가 어떤 것과 관련하여 실수를 하건 안 하건 결코 일어날 수 없으니까. 그런데 더 무서운 다른 일이 모습을 드러내는 것 같네.

테아이테토스 그게 뭐죠?

소크라테스 지식이 서로 바뀌는 것이 거짓된 판단이 되는 것 말일세.

테아이테토스 무슨 말씀이신지요?

소크라테스 첫째, 그것은 어떤 것에 대해 지식을 갖고 있는 사람 d
은 자신의 무지가 아니라 바로 자신의 지식 때문에 그것을 모른다는 것을 뜻하네. 둘째, 이것은 다른 어떤 것이고 다른 어떤 것이 이것이라고 판단하는 것은 매우 불합리하지 않은가? 그것은 지식이 있어도 혼은 아는 것이 아무것도 없고 모든 것에 무지하다는 것을 의미하니까. 이런 논리에 따르면 무지가 우리에게 다가와서 뭔가를 알게 만들고, 눈멂이 우리가 뭔가를 보게 만드는 것을 막을 것은 아무것도 없네. 만약 지식이 누군가를 무지하게 만든다면 말일세.

테아이테토스 소크라테스 선생님, 아마도 우리가 새들이 여러 지 e
식만을 나타내게 한 게 잘못이고, 여러 무지도 지식과 함께 혼 안을 날아다니는 것으로 생각했어야 했나 봅니다. 그러면 새들을 사냥하는 사람은 어떤 때는 어떤 것의 지식을 잡고, 어떤 때는 같은 것의 무지를 잡을 텐데, 무지에 의해서는 거짓된 판단을 하고 지식에 의해서는 참된 판단을 하겠지요.

소크라테스 테아이테토스, 자네를 칭찬하지 않기란 쉬운 일이
아닐세. 그렇지만 자네가 말한 것을 다시 검토해보게. 자네가 말
200a 한 대로라고 하세. 무지를 붙잡는 사람은 거짓된 판단을 한다는
것이 자네 주장일세. 그렇지 않은가?

테아이테토스 그렇습니다.

소크라테스 하지만 그는 분명 자기가 거짓된 판단을 한다고 생각하지 않을 걸세.

테아이테토스 물론입니다.

소크라테스 오히려 그는 참된 판단을 한다고 생각하며, 자기가 실수한 것들과 관련하여 아는 것처럼 행세할 걸세.

테아이테토스 물론입니다.

소크라테스 그래서 그는 자신이 사냥해서 갖고 있는 것은 지식이며 무지가 아니라고 생각할 걸세.

테아이테토스 확실합니다.

소크라테스 그렇다면 우리는 먼길을 돌고 돌아 애초의 난관으로
b 돌아왔네. 논박에 능한 그 사람은 웃으면서 이렇게 말할 테니까.
"여보시오들, 당신들은 다음 몇 가지 중에서 선택할 수 있소. 어떤 이가 지식과 무지를 둘 다 아는 경우에는 자신이 알고 있는 어떤 것을 자신이 알고 있는 다른 것이라고 생각할까요? 아니면 지식도 무지도 알지 못하는 경우에는 자신이 알지 못하는 어떤

것을 역시 자신이 알지 못하는 다른 것이라고 생각할까요? 아니면 둘 중 하나는 알지만 다른 것은 알지 못할 경우에는 자신이 알고 있는 어떤 것을 자신이 알지 못하는 어떤 것과 혼동하거나 자신이 알지 못하는 어떤 것을 자신이 알고 있는 어떤 것과 혼동할까요? 어느 쪽을 택하시겠소? 아니면 이번에는 지식과 무지 c
에 관한 지식들도 있다고 말하면서, 그것들은 또 다른 새장이나 밀랍 서판에 갇혀 있는데 그것들을 소유한 사람은 설령 그것들을 당장 혼 안에 갖고 있지 않더라도 그것들을 소유하고 있는 한 그것들을 알고 있다고 주장하시겠소? 그러면 당신들은 한 발짝도 나아가지 못하고 끊임없이 같은 곳을 맴돌 것이오." 테아이테토스, 우리는 이에 대해 뭐라고 대답할까?

테아이테토스 소크라테스 선생님, 정말이지 뭐라고 말해야 할지 모르겠습니다.

소크라테스 그러면 여보게, 그 논의가 우리를 나무라면서 우리가 지식은 제쳐둔 채 먼저 거짓된 판단을 찾는 것은 잘못이라고 지적하는 것은 당연한 일 아닐까? 사실 지식의 본성을 충분히 d
파악하기 전에는 거짓된 판단이 무엇인지 안다는 것은 불가능하네.

테아이테토스 지금으로서는 선생님 말씀에 동의하지 않을 수 없군요, 소크라테스 선생님.

소크라테스 그렇다면 처음부터 다시 시작하세. 지식을 뭐라고 정의할 텐가? 아직은 우리가 포기하지 않은 것 같기에 묻는 걸세.

테아이테토스 포기하지 않고말고요. 선생님께서 포기하시지 않는 한은요.

소크라테스 말해보게. 우리가 그것을 뭐라고 정의해야 자기모순에 빠질 위험이 가장 적겠는가?

e **테아이테토스** 소크라테스 선생님, 우리가 아까 시도한 그것이라고 정의하겠습니다. 저는 다른 것은 가진 게 없으니까요.

소크라테스 그게 뭐였지?

테아이테토스 참된 판단이 지식이라는 것 말입니다. 아무튼 참된 판단은 과오에서 자유롭고 그 결과들은 모두 아름답고 훌륭하니까요.

소크라테스 테아이테토스, 강여울을 건너는 길을 안내하는 사람
이 말했듯이 '그건 저절로 드러나겠지.'[97] 우리 경우에도 우리가
201a 꾸준히 탐구하면 우리가 찾는 것이 저절로 발 앞에 모습을 드러
내겠지만, 가만히 서 있으면 아무것도 발견하지 못할 걸세.

테아이테토스 옳은 말씀입니다. 우리도 꾸준히 탐구하도록 해요.

소크라테스 잠시만 탐구하면 되네. 어떤 기술 전체가 참된 판단은 지식이 아니라는 것을 입증해주고 있으니 말일세.

테아이테토스 무슨 말씀이신지요? 그게 어떤 기술입니까?

소크라테스 저 지혜의 화신(化身)들이 행하는 기술 말일세. 사람들은 이들을 연설가나 법률가라고 부르지. 이들은 자신들의 기

술로 남을 설득하되 가르침으로써 그러는 것이 아니라, 남이 자신들이 원하는 대로 판단하게끔 함으로써 설득하기 때문이지. b
아니면 자네는 돈을 강탈당하거나 다른 폭행을 당한 사람들에게 일어난 사건의 진상을, 주어진 짧은 시간[98] 안에 사건 현장에 없던 사람들에게 충분히 가르쳐줄 수 있을 만큼 똑똑한 교사들이 있다고 생각하는가?

테아이테토스 저는 그렇게 생각하지 않지만, 그들이 사건 현장에 없던 사람들을 설득할 수는 있다고 봅니다.

소크라테스 그런데 자네가 말하는 남을 설득하는 것이란 남이 어떤 판단을 하게끔 하는 것이 아닐까?

테아이테토스 물론입니다.

소크라테스 그렇다면 목격자만이 알 수 있고 달리는 알 수 없는 어떤 사건과 관련하여 배심원들이 올바르게 설득되었다고 가정해보게. 남이 전하는 소문만 듣고 배심원들이 참된 판단을 하여 c
판결했다고 가정해보라는 말일세. 그럴 경우 그들은 지식 없이 판결한 것일세. 그들이 올바르게 판결했을 경우에는 올바르게 설득된 것이긴 하겠지만 말일세. 그렇지 않은가?

97 강이 깊은지 묻는 나그네들에게 안내인이 건너보면 알 것 아니냐는 뜻으로 한 말이라고 한다.

98 당시 아테나이 법정에서는 변론 시간을 제한하기 위해 물시계로 시간을 잿다고 한다.

테아이테토스 전적으로 동의합니다.

소크라테스 하지만 여보게. 만약 참된 판단과 지식이 같은 것이라면, 최고의 배심원이라도 지식 없이는 참된 판단을 할 수 없을 걸세. 그런데 사실 이 둘은 서로 다른 것인 듯하네.

3. 지식은 설명이 수반된 참된 판단이다: 소크라테스의 꿈(201c~210d)

테아이테토스 그렇습니다, 소크라테스 선생님. 저는 전에 어떤 사람이 이 둘을 구별하는 것을 들은 적이 있는데 그동안 잊고 있다가 이제야 생각나는군요. 그가 말하기를, 설명이 수반된 참된
d 판단이 지식이고, 설명이 수반되지 않은 참된 판단은 지식의 영역 바깥에 있다고 했습니다. 또한 설명될 수 없는 것들은 알 수 없는 것들—그는 실제로 그렇게 일컬었습니다—이고 설명될 수 있는 것들은 알 수 있는 것들이라고 했습니다.

소크라테스 좋은 말일세. 그런데 그가 무슨 근거로 알 수 있는 것들과 알 수 없는 것들을 구별했는지 말해주게. 자네가 들은 것과 내가 들은 것이 같은 이야기인지 알 수 있도록 말일세.

테아이테토스 생각해낼 수 있을지 모르겠네요. 하지만 다른 사람이 설명해주면 따라갈 수는 있을 것 같아요.

e **소크라테스** 자네가 꿈을 꾼 것이라면 내 꿈 이야기도 들어보게.

나는 어떤 사람들이 우리와 그 밖의 모든 것을 구성하는 원초적 인 요소들은 설명될 수 없다고 말하는 것을 들은 것 같네. 그것들 자체는 저마다 이름만 덧붙일 수 있을 뿐, 있다거나 있지 않다고 그것에 대해 다른 말을 하는 것은 불가능하네. 이는 우리가 그것에 존재함과 존재하지 않음을 덧붙이는 것인데, 우리가 이 202a
것 또는 저것 자체만을 논하고자 할 때는 다른 것은 아무것도 덧붙여서는 안 되기 때문일세. 사실 '자체' '저것' '각각' '혼자' '이것' 따위의 수많은 수식어도 덧붙여서는 안 되네. 이런 것들은 사방을 돌아다니며 무분별하게 온갖 사물에 덧붙여지지만 그것들이 덧붙여지는 사물과는 다른 것이니까. 만약 원초적 요소를 설명하는 것이 가능하고 그 자체로 적절하게 설명할 수 있다면 그것을 논할 때 이 모든 수식어는 피해야 할 걸세. 그러나 사실 이런 원초적 요소는 어느 것도 설명할 수 없으며, 이름 붙이는 b
것만 가능하네. 그것이 가진 것은 이름이 전부이니까. 그러나 이들 요소로 구성된 사물의 경우에는 사물의 요소들이 함께 엮여 있듯이 그것의 이름들이 함께 엮여 설명된다네. 설명이란 본질적으로 이름들의 엮임이니까. 그리하여 요소들은 설명이나 지식의 대상이 아니라 지각의 대상이지만, 복합체들은 지식과 표현과 참된 판단의 대상일세. 따라서 누군가가 어떤 것에 관해 참된 판단을 하지만 이를 설명할 수 없을 때는, 그것에 관해 참된 c
생각을 하고는 있지만 그것을 알지는 못하는 거라네. 어떤 것에 대해 설명을 주고받을 수 없는 사람은 그것에 관해 지식이 없는 사람이니까. 그러나 그에 더하여 설명을 할 수 있다면 그는 지식과 관련해서 완전해지고 내가 말한 그 모든 것을 해낼 수 있네. 자네는 꿈속에서 그렇게 들었는가, 아니면 자네는 다른 꿈을 꾸었는가?

테아이테토스 전적으로 그렇게 들었습니다.

소크라테스 그러면 자네는 이 꿈에 만족하고 지식은 설명이 수반된 참된 판단이라고 생각하는가?

테아이테토스 그렇습니다.

d **소크라테스** 그러면 테아이테토스, 수많은 현자가 오래전부터 찾다가 찾기도 전에 백발이 되어버린 것을 자네와 내가 오늘 찾아낸 것인가?

테아이테토스 아무튼 저는 방금 우리가 제시한 설명이 훌륭하다고 생각합니다, 소크라테스 선생님.

소크라테스 설명 자체는 옳을지도 모르지. 그도 그럴 것이, 설명과 참된 판단 없이 어떤 지식이 존재할 수 있겠는가? 하지만 그 설명에는 한 가지 불만스러운 점이 있네.

테아이테토스 그게 뭔가요?

소크라테스 요소들은 알 수 없지만 복합체들의 부류는 알 수 있
e 다는 가장 기발한 대목 말일세.

테아이테토스 그게 옳지 않은가요?

소크라테스 확인해봐야겠지. 우리는 현자가 그런 주장을 할 때 사용한 예(例)들을, 말하자면 이 이론을 위한 담보로 잡았으니까.

테아이테토스 어떤 예들 말씀이죠?

소크라테스 말의 요소인 자모[99]들과 그것들의 복합체인 음절[100]들 말일세. 아니면 자네는 이 이론의 창시자가 다른 것을 염두에 두었으리라고 생각하는가?

테아이테토스 그는 다른 것이 아니라 바로 그것들을 염두에 두었겠지요.

소크라테스 그러면 그것들을 붙잡고 검토해보세. 아니, 오히려 203a
우리 자신을 검토하면서 과연 그런 방법으로 우리가 자모를 배웠는지 아닌지 자문해보세. 그러면 먼저 말해주게. 음절들은 설명할 수 있지만, 자모들은 설명할 수 없는가?

테아이테토스 그런 것 같습니다.

소크라테스 나도 단연 그렇다고 생각하네. '소크라테스'의 첫 음절에 관해 자네에게 "테아이테토스, 말해보게. ΣΩ는 무엇인가?"라고 묻는 사람이 있다고 가정해보게. 자네는 뭐라고 대답할 텐가?

99 stoicheion. 문맥에 따라 '요소'로도 옮겼다.

100 syllabe. 문맥에 따라 '복합체'로도 옮겼다.

테아이테토스 시그마(Σ)와 오메가(Ω)라고 대답하겠어요.

소크라테스 그건 음절에 대한 자네의 설명일세. 그렇지 않은가?

테아이테토스 네, 그렇습니다.

b **소크라테스** 자, 그렇다면 시그마(Σ)에 대해서도 설명해주게.

테아이테토스 요소에 대한 요소들을 누가 설명할 수 있겠습니까? 소크라테스 선생님, 사실 시그마(Σ)는 자음의 하나로 혀가 쉿 하는 소리를 낼 때 내는 소리[101]에 지나지 않습니다. 베타(B)는 모음도 아니고 소리도 없는데, 그 점은 대부분의 자모가 마찬가지입니다. 그래서 그것들은 설명할 수 없다고 말하는 것은 아주 타당합니다. 그것 중에서 가장 명확한 일곱 모음[102]조차 소리만 갖고 있을 뿐 어떤 설명도 불가능하니까요.

소크라테스 그렇다면 여보게, 이 점에서는 우리가 지식과 관련하여 올바른 결론에 도달한 것 같네.

테아이테토스 그런 것 같습니다.

c **소크라테스** 어떤가? 자모는 알 수 없지만 음절은 알 수 있다는 우리 주장은 옳은 것이었는가?

테아이테토스 옳은 것 같습니다.

소크라테스 자, 그렇다면 우리는 음절을 두 개의 자모라고 하거나 자모가 여럿일 때는 자모 전체라고 말할까, 아니면 자모들이 결합할 때 생기는 하나의 형상(形相)[103]이라고 말할까?

테아이테토스 제 생각에는 자모 전체라고 해야 할 것 같습니다.

소크라테스 그렇다면 두 자모 Σ와 Ω의 경우를 살펴보게. 이 둘은 내 이름의 첫 음절일세. 그것을 아는 사람은 두 자모도 알 걸세. 그렇지 않은가?

테아이테토스 물론입니다. d

소크라테스 그러니까 그는 Σ와 Ω를 알고 있네.

테아이테토스 네.

소크라테스 어떤가? 그는 그것들 각각을 모르고 둘 중 어느 것도 알지 못하면서 그것들을 둘 다 알 수 있을까?

테아이테토스 그렇다면 괴상하고 불합리한 일이겠지요, 소크라테스 선생님.

소크라테스 그러나 둘 다 알기 전에 그 각각을 반드시 알아야 한다면, 음절을 알려는 사람은 반드시 그 자모들을 먼저 알아야 하네. 그러면 우리의 훌륭한 논의는 줄행랑을 놓으며 사라져버릴 걸세.

테아이테토스 그것도 순식간에 그러겠지요. e

소크라테스 그건 우리가 제대로 감시하지 못했기 때문이겠지. 우리는 아마도 음절은 자모가 아니라 자모들에서 생겨난 단일한

101 마찰음.

102 alpha(α, a), epsilon(ε, e), eta(η, ē), iota(ι, i), omikron(ο, o), ypsilon(υ, y), omega(ω, ō).

103 idea.

형상으로서 고유한 특성을 지니고 있으며, 자모와는 다른 것이라고 주장했어야 했네.

테아이테토스 그렇습니다. 사실 그것이 더 그럴듯해 보이네요.

소크라테스 그걸 검토해봐야겠지. 우리는 위대하고 인상적인 이론을 그처럼 비겁하게 포기해서는 안 되니까.

테아이테토스 안 되고말고요.

204a **소크라테스** 그러면 우리가 방금 주장한 대로라고 가정하세. 음절 또는 복합체는 여러 요소의 결합에서 생기는 단일한 형상이고, 이 점은 자모들과 그 밖의 다른 것들의 경우에도 모두 마찬가지라고.

테아이테토스 맞아요.

소크라테스 그러면 복합체는 부분들을 가져서는 안 되네.

테아이테토스 어째서 그렇지요?

소크라테스 어떤 것의 부분들이 있다면 전체는 반드시 부분들의 총합일 테니까. 아니면 자네는 전체도 부분들에서 생겨난 하나의 형상이지만 부분들의 총합과는 다른 것이라고 주장하는가?

테아이테토스 저는 그렇다고 생각합니다.

소크라테스 그러면 자네는 총합과 전체를 같은 것이라고 부르는
b 가, 아니면 둘은 각각 별개의 것이라고 말하는가?

테아이테토스 확실하게는 알지 못하지만, 선생님께서 열성적으로 답변하라고 하시니 위험을 무릅쓰고 그것들은 별개의 것이

라고 대답하겠습니다.

소크라테스 테아이테토스, 자네의 열성은 옳지만 자네의 대답도 옳은지는 우리가 검토해봐야 하네.

테아이테토스 네, 검토해봐야 합니다.

소크라테스 지금의 논리에 따르면 전체는 총합과 다를 걸세. 그렇지 않은가?

테아이테토스 네.

소크라테스 다음은 어떤가? 총합과 그것에 포함된 전부 사이에 어떤 차이가 있는가? 예를 들어 우리가 1, 2, 3, 4, 5, 6이라고 말하거나 3×2 또는 2×3 또는 3+2+1이라고 말할 때, 이 모든 c
경우에 우리는 같은 것을 말하는가 아니면 다른 것을 말하는가?

테아이테토스 같은 것을 말합니다.

소크라테스 바로 6을 말하는 것이겠지?

테아이테토스 그렇습니다.

소크라테스 그렇다면 우리는 각각의 표현으로 6을 전부 말한 것 아니겠는가?

테아이테토스 그렇습니다.

소크라테스 그런데 우리가 6의 전부를 말할 때 어떤 총합도 말하지 않을까?

테아이테토스 반드시 말하겠지요.

소크라테스 그 총합이란 6 말고 다른 것일까?

테아이테토스 아닙니다.

d **소크라테스** 그렇다면 수로 이루어진 모든 것의 경우 '총합'과 '전부'는 같은 것을 가리키는 게 아닐까?

테아이테토스 그런 것 같습니다.

소크라테스 이번에는 이 문제에 관해 다음과 같이 논의해보세. 플레트론[104]의 수와 플레트론은 같은 것일세. 그렇지 않은가?

테아이테토스 그렇습니다.

소크라테스 그 점은 스타디온[105]의 수도 마찬가지일세.

테아이테토스 그렇습니다.

소크라테스 또한 군대의 수와 군대도 같은 것이며, 그런 종류의 것들은 모두 그 점에서 마찬가지일세. 그런 것들은 저마다 수의 총합이 그것의 총합이니까.

테아이테토스 그렇습니다.

e **소크라테스** 그런데 그것들 각각의 수는 그것의 부분들과 설마 다르지 않겠지?

테아이테토스 다르지 않습니다.

소크라테스 따라서 부분들을 가진 것은 부분들로 이루어지겠지?

테아이테토스 그런 것 같습니다.

소크라테스 그런데 우리는 수의 총합이 총합이므로 부분들 전부가 총합이라는 데 합의했네.[106]

테아이테토스 그렇습니다.

소크라테스 그러면 전체는 부분들로 이루어지지 않네. 만약 전체가 모든 부분으로 이루어진다면, 전체는 총합이 될 테니까.

테아이테토스 그런 것 같습니다.

소크라테스 하지만 부분이 전체의 부분이 아니라면 도대체 무엇의 부분일 수 있겠는가?

테아이테토스 총합의 부분일 수 있겠지요.

소크라테스 자네 참 용감하게 싸우는구먼, 테아이테토스. 그러 205a
나 '총합'이란 정확히 아무것도 부족한 게 없는 것을 뜻하지 않는가?

테아이테토스 당연하지요.

소크라테스 전체도 마찬가지로 어떤 것도 부족한 게 없는 것 아니겠는가? 어떤 것에 부족한 것이 있다면 그것은 전체도 아니고 총합도 아니지 않겠는가? 그것은 동시에 둘 다에서 둘 중 어느 것도 아닌 것으로 변하니 말일세.

테아이테토스 이제는 전체와 총합 사이에 아무런 차이도 없는 것 같습니다.

소크라테스 우리는 어떤 것의 부분들이 있다면 그것의 전체 또는

104 plethron. 1플레트론은 100푸스(피트)이다.

105 stadion. 1스타디온은 약 177미터이다.

106 204b 참조.

총합은 부분들의 전부일 것이라고 말하지 않았던가?

테아이테토스 확실히 그렇게 말했습니다.

b **소크라테스** 그러면 내가 방금 말하려고 한 것[107]으로 돌아가세. 만약 음절이 그것의 자모들과 같은 것이 아니라면, 음절은 자모들을 자신의 부분들로 가질 수 없지 않겠는가? 그와 달리 만약 음절이 자모들과 같은 것이라면, 음절은 필시 자모들만큼만 알 수 있을 걸세. 그렇지 않은가?

테아이테토스 그렇습니다.

소크라테스 그래서 우리는 이런 사태를 피하려고 음절은 자모들과 다른 것이라고 생각하지 않았던가?

테아이테토스 그렇습니다.

소크라테스 어떤가? 만약 자모들이 음절의 부분들이 아니라면, 자네는 음절의 부분들이지만 음절의 요소들은 아닌 다른 것들을 말해줄 수 있겠는가?

테아이테토스 결코 그럴 수 없습니다, 소크라테스 선생님. 만약 제가 음절의 부분들이 있다고 인정한다면 자모들을 제쳐두고 다른 성분들을 찾는다는 것은 분명 우스꽝스러울 테니까요.

c **소크라테스** 그렇다면 테아이테토스, 지금 자네가 주장하는 바에 따르면 음절은 부분들로 나뉠 수 없는 어떤 단일한 형상일 걸세.

테아이테토스 그런 것 같습니다.

소크라테스 여보게, 기억하는가? 우리는 조금 전에 사물의 일차

적인 구성 성분들은 저마다 그 자체로는 복합적인 것이 아니기 때문에 합리적으로 설명할 수 없으며, '존재하다' '그것' 같은 표현들은 다르고 이질적이므로 그런 것들에 사용하는 것은 옳지 못하다는 생각을 받아들이고 인정했네. 또한 우리는 그런 이유에서 그런 것들은 저마다 설명할 수 없고 알 수 없는 것이라는 데에도 동의했네.[108]

테아이테토스 기억합니다.

소크라테스 그러면 바로 이것이 그것들이 저마다 단일한 형상이 d
고 부분들로 나뉠 수 없는 이유 아니겠는가? 아무튼 내게 다른 이유는 보이지 않네.

테아이테토스 네, 분명 다른 이유는 보이지 않습니다.

소크라테스 그러니 만약 복합체 또는 음절이 부분들을 갖지 않고 단일한 형상이라면 요소 또는 자모와 같은 부류가 아니겠는가?

테아이테토스 전적으로 동의합니다.

소크라테스 그러면 두 가지 가능성이 있네. 만약 음절이 하나의 전체이고 그 수가 얼마나 많건 그것을 구성하는 자모들과 같은 것이라면, 부분들 전부가 전체와 같은 것으로 밝혀진 만큼 음절과 자모는 같은 정도로 알 수 있고 설명할 수 있네.

107 203d~e 참조.

108 201e~202e 참조.

e **테아이테토스** 그렇고말고요.

소크라테스 한편 만약 음절이 단일하고 부분들이 없는 것이라면, 그때는 음절과 자모는 같은 이유에서 같은 정도만큼 설명할 수도 없고 알 수도 없네.

테아이테토스 아니라고 부정할 수가 없군요.

소크라테스 그렇다면 음절 또는 복합체는 알 수 있고 설명할 수 있지만 자모 또는 요소는 그렇지 않다고 말하는 사람이 있더라도 우리는 그것을 받아들여서는 안 되네.

테아이테토스 안 되고말고요. 우리 논의가 설득력이 있는 것이라면 말입니다.

206a **소크라테스** 어떤가? 읽기를 배울 때의 경험을 떠올리면 자네는 오히려 그와 반대되는 주장을 받아들이고 싶어지지 않는가?

테아이테토스 어떤 경험 말씀인가요?

소크라테스 읽기를 배우는 내내 자네는 각 자모의 모양과 소리를 구별하는 일에 전념할 거라는 말일세. 말하기와 쓰기에서 그것들이 어떻게 배열되든 헷갈리지 않으려고.

테아이테토스 참으로 맞는 말씀입니다.

소크라테스 그리고 음악 교사에게 배울 때 그 목표는 바로 각각
b 의 음을 따라갈 수 있고 어느 현이 그런 음을 내는지 말할 수 있는 것 아니겠는가? 그런데 음표가 음악의 요소라는 데에는 누구나 동의할 걸세.

테아이테토스 그렇습니다.

소크라테스 그러니 경험을 통해 친숙한 요소들과 복합체들로부터 다른 경우들을 추론해야 한다면, 우리는 요소들의 부류를 훨씬 더 명확하게 알 수 있으며, 각각의 학습 분야를 완전하게 파악하기 위해서는 복합체들보다는 요소들을 아는 것이 훨씬 중요하다고 주장할 걸세. 그리고 복합체는 본성상 알 수 있지만 요소는 알 수 없다고 주장하는 사람이 있다면, 우리는 그가 의도적이든 아니든 농담을 한다고 생각할 걸세.

테아이테토스 물론입니다.

소크라테스 이를 입증할 다른 증거들도 제시할 수 있을 걸세. 하 c
지만 그런 것들 때문에 우리 앞에 던져진 문제를 살펴보는 일을 잊어서는 안 될 걸세. 그것은 참된 판단에 덧붙여진 설명이 가장 완전한 지식이 된다는 말이 도대체 무엇을 의미하느냐는 것일세.

테아이테토스 네, 우리는 이 문제를 살펴봐야 합니다.

소크라테스 그런데 우리는 '설명'이라는 말을 어떻게 이해해야 할까? 내 생각에는 세 가지 가능성이 있는 듯하네.

테아이테토스 그게 어떤 것들이죠?

소크라테스 첫 번째 가능성은 동사와 명사를 사용해서 말로 자 d
신의 생각을 밝히는 것으로, 마치 물이나 거울에 반영하듯 입을 통과하는 흐름에 자신의 판단을 반영하는 것이지. 자네는 그런 것이 설명이라고 생각하지 않는가?

테아이테토스 그렇다고 생각합니다. 아무튼 우리는 그러는 사람을 가리켜 '설명한다'고 말합니다.

소크라테스 그런데 그것은 태어날 때부터 귀머거리나 벙어리가 아닌 이상 누구나 때가 되면 할 수 있는 일 아닌가? 어떤 것에 대
e 해 생각하는 바를 표현하는 것 말일세. 그런 의미에서 어떤 것을 올바르게 판단하는 사람들은 누구나 그것을 설명할 수 있을 것이며, 지식을 떠나서는 올바른 판단이 존재할 여지가 어디에도 없네.

테아이테토스 맞습니다.

소크라테스 그러니 지식은 지금 우리가 고찰하는 방식으로 정의해야 한다고 주장하는 사람을 허튼소리를 한다고 경솔하게 비난하지 않기로 하세. 그게 그의 말뜻이 아닐 수도 있으니까. 어쩌면 그는 어떤 것이 무엇이냐는 질문에 그것의 요소들을 열거
207a 함으로써 대답할 수 있다는 뜻으로 그런 말을 했을 수도 있네.

테아이테토스 예를 들어 설명해주세요, 소크라테스 선생님.

소크라테스 예컨대 헤시오도스는 달구지에 대해 "달구지 1대 만드는 데 100개의 널빤지가 든다"[109]고 말했네. 그런데 그 널빤지들이 무엇인지 나는 말할 수 없고, 자네도 아마 말할 수 없을 걸세. 달구지가 무엇이냐는 질문을 받고 "바퀴, 차축, 차대, 가로대, 멍에"라고 대답할 수 있으면 우리는 그걸로 만족해할 걸세.

테아이테토스 물론입니다.

소크라테스 그러나 우리의 적대자는 비웃을 걸세. 마치 우리는 문법학자이니 테아이테토스라는 이름을 문법적으로 설명하겠다고 말해놓고 자네 이름의 음절만 말하고 자모들은 말하지 않은 것처럼 말이야. 우리는 올바르게 판단하고 바른말을 하는 것일 수 있네. 그러나 그는 참된 판단에 덧붙여 아까 우리가 말했듯[110] 그것의 요소들을 처음부터 끝까지 모두 검토하기 전에는 어떤 것도 알 수 있게 설명하기란 불가능하다고 말할 걸세. b

테아이테토스 아닌 게 아니라 우리는 그렇게 말했습니다.

소크라테스 그는 달구지와 관련해서도 같은 말을 할 걸세. 우리는 단지 올바르게 판단할 뿐이고, 100개의 부분들을 검토함으로써 달구지가 무엇인지 설명할 수 있는 사람이라야 그럼으로써 참된 판단에 설명을 덧붙인 것이며, 요소들을 통해 전체를 검토함으로써 단순한 판단 대신 달구지에 관한 전문지식을 습득한 것이라고 말일세. c

테아이테토스 소크라테스 선생님, 선생님께서는 그 말에 동의하시나요?

소크라테스 여보게, 자네가 동의하는지 말해주게. 어떤 것의 요

109 헤시오도스, 『일과 날』 456행.

110 206a 참조.

소들을 검토하는 것은 설명하는 것이지만, 복합체들이나 더 큰 단위를 검토하는 것은 설명이 아니라는 생각을 받아들이는지
d 말일세. 우리가 그 점을 고찰할 수 있도록 말이야.

테아이테토스 네, 저는 받아들입니다.

소크라테스 그러면 자네가 어떤 사람이 뭔가를 안다고 생각하는 것은, 그가 같은 것이 때로는 어떤 것의 부분이고 때로는 다른 것의 부분이라고 생각할 때인가, 아니면 그가 때로는 어떤 것이 때로는 다른 것이 같은 것의 부분이라고 판단할 때인가?

테아이테토스 단연코 저는 그렇게 생각하지 않습니다.

소크라테스 그러면 자네가 자모를 처음 배우기 시작할 때 자네도 자네의 학우(學友)들도 그렇게 했다는 걸 잊었는가?

e **테아이테토스** 우리가 때로는 어떤 자모가 때로는 다른 자모가 같은 음절의 부분이라고 생각하고, 같은 자모를 때로는 적절한 음절에 때로는 엉뚱한 음절에 갖다붙이던 때를 말씀하시는 건가요?

소크라테스 그게 내 말뜻일세.

테아이테토스 제우스에 맹세코, 잊지 않았습니다. 또한 저는 그런 상태에 있는 사람들은 알고 있는 것이 아니라고 생각합니다.

소크라테스 어떤가? 그런 단계에서 누가 "Theaitetos"를 쓰면서
208a 테타(Θ)와 엡실론(E)을 써야 한다고 생각하고는 실제로 그렇게 쓸 때와, 이어서 그가 "Theodoros"를 쓰려 하면서 타우(T)와 엡

실론(E)을 써야 한다고 생각하고는 실제로 그렇게 쓸 때, 우리는 그가 자네 이름의 첫 음절을 안다고 말할 텐가?

테아이테토스 아니요, 우리는 그런 상태에 있는 사람은 아는 것이 아니라는 데 방금 동의했습니다.

소크라테스 그러면 같은 사람이 자네 이름의 두 번째와 세 번째와 네 번째 음절과 관련하여 같은 상태에 있는 것을 막아줄 그 무엇이 있을까?

테아이테토스 아니요, 아무것도 없습니다.

소크라테스 그러나 그가 모든 자모를 순서대로 적어 "Theaitetos" b
를 쓸 때는 올바르게 판단할 것이고 요소들을 검토하는 방법을 쓰게 될 걸세.

테아이테토스 분명히 그렇습니다.

소크라테스 그러나 그는 올바르게 판단하기는 해도 여전히 지식이 없겠지? 그게 우리 주장 아닌가?

테아이테토스 네.

소크라테스 하지만 그는 올바르게 판단할 뿐만 아니라 설명까지 하고 있네. 그는 요소들을 검토하는 방법으로 썼는데, 우리는 그것이 설명이라는 데 동의했으니까.

테아이테토스 맞습니다.

소크라테스 그러면 여보게, 올바른 판단에 설명이 수반되어도 여전히 지식이라고 불려서는 안 되는 그런 것이 있다는 결론에

도달하네.

테아이테토스 혹시 그러지 않을까 두렵습니다.

소크라테스 그렇다면 우리가 지식에 대한 가장 참된 정의(定義)를 손에 넣었다는 희망에 부풀었을 때 한낱 허망한 꿈을 꾸었나
c 보군. 그래도 그 이론을 아직은 비난하지 말까? 우리가 받아들여야 하는 정의는 아마 그런 것이 아닌 듯하네. 그러나 우리가 지식을 설명이 수반된 올바른 판단이라고 정의하면서 그것이 의미할 수 있는 세 가지 가능성을 언급했는데, 그중 하나가 아직 남아 있네.

테아이테토스 일깨워주셔서 고맙습니다. 아직 한 가지 가능성이 남아 있으니까요. 첫 번째는 소리에 의한 생각의 모상(模像)이고, 우리가 방금 논의한 두 번째는 요소들을 통해 전체에 접근하는 방법이었습니다. 그런데 선생님께서는 무엇을 세 번째 가능성이라고 말씀하시는 건가요?

소크라테스 대부분의 사람이 말할 법한 것일세. 문제의 대상을 다른 것들과 구분 짓는 어떤 특징을 말할 수 있는 능력 말이야.

테아이테토스 선생님께서는 어떤 것에 대한 그런 설명을 예를 들어 말씀해주실 수 있겠습니까?

d **소크라테스** 자네만 좋다면 해를 예로 들겠네. 지구 주위를 도는 천체 중에서는 해가 가장 밝다는 설명에 자네는 아마 만족할 걸세.

테아이테토스 물론입니다.

소크라테스 내가 왜 이런 말을 하는지 말하겠네. 우리가 방금 말한 것을 예를 들어 설명하기 위해서라네. 그것은 바로 어떤 것을 다른 것과 구분 짓는 특징을 파악하면 그때는 자네가 어떤 사람들 말마따나 그것에 관한 설명을 포착하겠지만, 만약 자네가 포착한 특징이 다른 것들에도 공통된 것이라면 자네의 설명은 그런 특징을 공유하는 모든 것에 관련되리라는 것이었네.

테아이테토스 알겠습니다. 그리고 저는 그런 것을 설명이라고 부 e
르는 것이 옳다고 생각합니다.

소크라테스 따라서 존재하는 어떤 것을 올바르게 판단하는 사람이 거기에 더하여 그것을 다른 것들과 구분 짓는 차이점을 파악한다면, 전에는 그가 판단만 하던 것을 이제는 알게 될 걸세.

테아이테토스 네, 그게 우리의 주장입니다.

소크라테스 그렇지만 테아이테토스, 내가 더 가까이 다가간 지금은 우리 주장이 전혀 이해가 되질 않네. 마치 음영화(陰影畫)에 다가간 것처럼 말이야. 내가 멀리 떨어져 있는 동안에는 거기에 어떤 의미가 있는 것처럼 보였는데 말일세.

테아이테토스 무슨 말씀이신지요?

소크라테스 말해보겠네. 내가 할 수 있다면 말이야. 내가 자네를 209a
올바로 판단하고 거기에 더하여 자네를 설명할 수 있다면 나는 자네를 아는 것이고, 그러지 못하면 자네를 판단만 할 뿐이네.

테아이테토스 네.

소크라테스 그리고 여기서 설명이란 자네의 차이점을 해석하는 것[111]이었네.

테아이테토스 그렇습니다.

소크라테스 그렇다면 내가 판단만 할 때는 자네와 다른 사람들을 구분 짓는 차이점에는 전혀 생각이 미치지 못했네. 그러지 않은가?

테아이테토스 그런 것 같습니다.

소크라테스 그러니까 나는 자네만의 특징이 아닌 어떤 공통점만을 생각하고 있었네.

b **테아이테토스** 당연하지요.

소크라테스 하지만 그런 경우에 도대체 어째서 내 판단이 다른 사람보다는 자네에 대한 것일 수 있겠는가? 내가 테아이테토스는 눈, 코, 입 따위의 지체를 모두 갖춘 사람이라고 생각했다고 가정해보게. 그런 생각을 한다고 해서 내가 테오도로스나 가장 먼 곳에 사는 야만인보다 테아이테토스를 더 생각한다는 보장이 어디 있는가?

테아이테토스 물론 그런 보장은 없습니다.

소크라테스 그러나 내가 코와 눈을 가진 사람뿐 아니라 들창코와
c 퉁방울눈을 가진 사람을 생각했다고 가정해보게. 그런다 해도 내가 나 자신이나 그런 특징들을 지닌 다른 사람들보다는 자네

를 더 생각할 것이라는 어떤 보장이 있는가?

테아이테토스 없습니다.

소크라테스 내 생각에, 자네 특유의 들창코가 내가 본 다른 모든 들창코와 다른 것으로 내 기억에 각인되고 저장되기 전에는 테아이테토스는 내 안에서 판단의 대상이 되지 못할 걸세. 그 점에서는 자네를 자네이게끔 해주는 모든 다른 특징도 마찬가지일세. 그때는 내가 내일 자네를 만나면 자네의 그런 특징이 내 기억을 되살려 내가 자네를 올바르게 판단하게 해줄 걸세.

테아이테토스 참으로 맞는 말씀입니다.

소크라테스 그렇다면 어떤 것에 대한 올바른 판단도 그것의 차별성과 관계가 있는 것 같구먼. d

테아이테토스 그런 것 같습니다.

소크라테스 그렇다면 올바른 판단에 설명을 덧붙인다는 것이 더 이상 무슨 의미가 있겠는가? 만약 그것이 한편으로는 어떤 것이 다른 것들과 어떻게 차이가 나는지에 대해 다른 판단을 덧붙이는 것을 뜻한다면, 그것은 참으로 우스꽝스러운 요구이기 때문일세.

테아이테토스 어째서 그렇습니까?

소크라테스 어떤 것이 다른 것들과 어떻게 차이가 나는지 우리가

111 hermeneia.

이미 올바르게 판단하고 있는데, 그것은 우리에게 같은 것이 다른 것들과 어떻게 차이가 나는지 올바른 의견을 덧붙이라고 요
e 구하는 것이니까. 그러면 우리는 빙글빙글 돌 텐데, 가장 힘들게 각종 기구를 돌리는 고역도 그런 요구에 견주면 아무것도 아닐세. 그것은 장님이 장님의 갈라잡이 노릇을 하는 격이라고 말하는 편이 더 옳을 걸세. 우리가 이미 판단하고 있는 것을 알기 위해 우리가 이미 갖고 있는 것을 추가로 얻어내라고 요구하는 것은 그야말로 몽매한 자의 소행인 것 같으니 말일세.

테아이테토스 만약 다른 한편으로...? 선생님께서는 다른 말을 하시려는 듯 방금 가설을 제시하셨는데, 무슨 말씀을 하려고 그러셨나요?

소크라테스 여보게, 만약 설명을 덧붙이라는 요구가 차이를 단순히 판단하는 것이 아니라 아는 것을 의미한다면, 지식에 대한
210a 가장 훌륭한 이 정의는 즐거운 일이기도 할 걸세. 아는 것은 분명 지식을 습득하는 것이니까. 그렇지 않은가?

테아이테토스 그렇습니다.

소크라테스 그렇다면 "지식이란 무엇인가?"라는 질문을 받으면 우리의 이 논의는 "차별성에 관한 지식이 수반된 올바른 판단"이라고 대답할 것 같네. 이 논의에 따르면 그것이야말로 설명을 덧붙이는 것일 테니까.

테아이테토스 그런 것 같습니다.

소크라테스 우리가 지식을 정의하려고 하면서 지식은 차별성이나 그 어떤 것에 관한 지식이 수반된 올바른 판단이라고 말하는 것은 전적으로 어리석은 짓일세. 그러니 테아이테토스, 지식은 b 지각도 아니고, 참된 판단도 아니고, 참된 판단에 덧붙여진 설명도 아닐세.[112]

테아이테토스 아닌 것 같습니다.

소크라테스 여보게, 우리는 여전히 임신 중이고 지식 때문에 산고를 겪고 있는가, 아니면 모든 것을 출산했는가?

테아이테토스 출산했습니다. 사실 저는 선생님 덕분에 제 안에 갖고 있는 것보다 더 많이 말했습니다.

소크라테스 그런데 우리의 산파술은 우리가 낳은 모든 것이 무정란이며 양육할 가치가 없다고 말해주고 있네. 그렇지 않은가?

테아이테토스 전적으로 동의합니다.

소크라테스 테아이테토스, 자네가 앞으로 다른 생각들을 임신하려다가 임신에 성공하면 지금의 이 탐구 덕분에 더 훌륭한 생각 c 들을 임신하게 될 걸세. 설령 임신하지 못하더라도 자네는 함께 하는 사람들에게 덜 부담스럽고 더 유순한 사람이 될 걸세. 자네

112 이처럼 감각적 지각도 아니고, 참된 판단도 아니고, 참된 판단에 이해와 설명을 보충한 것도 참된 지식이라고 할 수 없다. 소크라테스는 기존 지식을 전면적으로 재검토하여 극복하고자 한다. 참된 지식, 지식 너머에 있는 지식, 지식의 보편적 본질을 추구하는 것이다.

는 지혜롭게도 알지 못하는 것을 안다고 생각하지는 않을 테니
까. 내 기술이 할 수 있는 것은 거기까지이고, 더는 아무것도 할
수 없네. 나는 우리 시대와 지난날의 위대하고 놀라운 다른 사람
들이 알았던 것을 아무것도 알지 못하네. 그러나 이 산파술은 신
이 나와 내 어머니에게 주신 선물인데, 어머니에게는 여인들을
d 돌보라고, 나에게는 젊고 고매한 사람들과 아름다운 모든 사람
을 돌보라고 주셨지.

나는 지금 멜레토스[113]가 제출한 고발장에 답변하기 위해 왕의 주랑[114]으로 가야 하네. 하지만 테오도로스님, 우리 내일 아침 이곳에서 다시 만나기로 합시다.[115]

113 Meletos. 젊은이들을 타락시키고 나라의 신들을 믿지 않는다는 이유로 소크라테스를 고발하여 사형선고를 받게 한 아테나이인 가운데 한 명이다.

114 he tou basileos stoa. 아테나이의 아고라에 있던 주랑.

115 대화편 『소피스트』는 바로 다음날 진행된다.